创新创业教育系列教材

U0962199

创新引领未来
创业成就梦想

主　编　　程海亮

副主编　　崔晓会

中国经济出版社
CHINA ECONOMIC PUBLISHING HOUSE

北　京

图书在版编目（CIP）数据
创新引领未来，创业成就梦想 / 程海亮主编 ；崔晓会副主编. -- 北京 ：中国经济出版社，2025. 7.
ISBN 978-7-5136-8256-5
Ⅰ. F241.4
中国国家版本馆CIP数据核字第2025MN3578号

策划编辑 崔姜薇
责任编辑 罗 茜
责任印制 李 伟

出版发行 中国经济出版社
印 刷 者 北京科信印刷有限公司
经 销 者 各地新华书店
开 本 787mm×1092mm 1/16
印 张 13.5
字 数 228千字
版 次 2025年7月第1版
印 次 2025年7月第1次
定 价 49.00元
广告经营许可证 京西工商广字第8179号

中国经济出版社 网址 http://epc.sinopec.com/epc/ 社址 北京市东城区安定门外大街58号 邮编 100011
本版图书如存在印装质量问题，请与本社销售中心联系调换（联系电话：010-57512564）

创新创业教育系列教材编委会

练就鹰一样的眼光，狼一样的力量
——写在创新创业教育系列教材发行之际

海口经济学院董事长　曹成杰

鹰翔万里而不颓，是因为有眼光有志向
狼跃千里而不惧，是因为有智慧有力量

——题记

习近平总书记在党的二十大报告中强调“必须坚持科技是第一生产力、人才是第一资源、创新是第一动力”，深刻指出了创新在国家发展中的核心地位，将科技、人才和创新视为推动社会进步与经济发展的关键因素。海口经济学院确立的“加强应用型研究，培养创新型人才，建设创业型大学”的目标不仅是对党中央号召的积极响应，更是契合了时代发展的要求，一经提出就得到了社会和高等教育界的广泛认同。

近年来，学校以建设创业型大学为总揽，以培养创新型人才为目标，全面推进创新创业教育与人才培养深度融合，并采取多部门联动、多项目交叉、多举措融合的建设路径，扎实推进创新创业教育改革。学校成立创新创业学院，负责开展学生的创新创业系列课程教学及各类创新竞赛活动；成立创业管理处，负责学生企业注册及相关项目管理；建设10000多平方米的创新创业大厦，承接学生公司企业孵化；设立大学生创新创业发展基金，资助学生创业；建立政策激励机制，鼓励教师把产业和行业的新理论、新技术、新工具、新应用融入与更新到教学内容，有效指导与培养学生的创新思维、创业意识和创新创业能力；多途径建设校院两级创新创业协同共建基地，打造出以创新创业项目为核心，从学生入学到最终就业、创业的一体化创新创业教育生态圈。

学校全面修订人才培养方案，采取“9+1项目”模式，通过分层教学，使创新创业教育融入人才培养全过程。具体来说，大一学生接受创新创业教育，通过学习和训练，培养学生创新创业思维，初步掌握创新创业技能；大二学生接受职业生涯规划教育，引导在校大学生对自己的学业和职业生涯，制定现实可行的规划；大三学生在完成理论学习的同时，开展创新训练计划，并借此将大学生创新训练计划内伸外延至人才培养体系以及创业项目的选育、孵化和初创等环节中，以此形成一个闭环式创新创业教育体系，使创新意识培养与创业能力提高实现有机统一，最终达到“四进”（进教材、进课堂、进头脑、进项目）的目标；大四学生接受就业指导教育，帮助其提升求职竞争力，顺利实现从校园到职场的过渡，从而形成贯穿大学四年的全程化生涯发展教育体系。这种学习和训练，既是对有创业意愿的大学生系统的学习和规划，又是对暂时没有创业意愿或是对自己是否适合创业还不能确定的大学生的正确引导。

学校的创新创业教育工作受到教育部高教司、海南省教育厅的充分肯定。2017年，学校先后三次在海南省和全国会议上做典型发言；2017年8月26日，《海南日报》专版报道学校创新创业教育工作情况。2016年7月，学校被教育部评为“全国高校首批创新创业50强”。2017年3月，学校创业孵化基地又被评为共青团中央全国首批29家“大学生创业示范园”；5月，海南省教育厅正式发文确立学校为海南省首批深化创新创业教育改革示范校。2021年6月，学校被海南省教育厅授予“示范应用型本科高校”，这是海南省乃至全国第一所省级示范应用型本科高校。2023年5月，学校创业孵化基地被海南省人力资源开发局认定为“海南（青年）公共创业孵化基地”。2025年4月，教育部正式公布中国国际大学生创新大赛（2024）获奖名单。经权威教育评价机构“麦可思研究”统计发布，海口经济学院以优秀的创新教育成果和赛事表现，成功入选“国家级创新大赛100强高校”榜单。今后，学校将继续以大赛作为创新创业教育的重要抓手，坚持以赛促教、以赛促学、以赛促改、以赛促创，将创新创业教育与专业教育相融合，以创新引领创业，以创业带动就业，扎实有效地推进创新创业示范高校建设工作。

古人云：“读万卷书，不如行万里路。”习近平总书记也曾说过，当代大学生接触得更多的是书本上的理论，但书里有水分，只有与实践相结合，才能蒸发水分，得到真正的知识。学校正是按照习近平总书记的指示，认真思考如何针对自身不同特点，编撰适合本校大学生的系列教材。《创新引领未来　创业成就梦想》《规划职业理想　成就精彩人生》《掌握求职技巧　开启职业之门》《投身创新演练　淬炼创业本领》，正是这样一套以“创新引领、实践育人”为核心理念，致力于培养具有家国情怀、创新精神和实践能力的高素质应用型人才的系列校编教材。

同学们，海阔凭鱼跃，天高任鸟飞。只要你有意愿，学校就会倾力支持。让我们携手同行，在建设创新型国家的征程中，书写属于海口经济学院学子的青春华章！

2025年5月于海口桂林洋

目 录 CONTENTS

第一章　创新理论

从本质上讲，我们的世界就是一个创新的世界。现在的人类社会是创新的结果，人类本身的进化、工具的出现、语言文字的形成乃至人类社会不断走向文明的每一步，都是创新能力的体现。但对于创新创业意识的大规模追求是近几年的事情。对创新能力本身的科学发现、提炼、总结和将创新能力有意识地运用到创业领域，则是距今不到100年的事情。短短的几十年里，科技创新成果的应用和实践给我们这个世界带来的变化之广泛与迅速，是人类自身都始料不及的。我们不得不重新审视创新和创业，并对其进行研究和应用；不得不把他们同国家、民族乃至个人的生存质量或者生死存亡紧密结合起来。我们现在的生产生活无不体现创新的成果，无不享受着创新和创业带来的好处，我们有充分的理由说，现在已经进入了大举开发人的创新能力、提高创新和创业意识与成果的时代。

在“大众创业，万众创新”的大背景下，许多人响应号召走上了创新创业的道路，随着时间的推移，“创新”一词已经被赋予了多重含义，但是大多数的创业者对创新的理解仍然停留在传统的认知上，因此，有必要对新时期的创新做一次全新的解读。

第一节　创新的概念

一、概念

创新是指以现有的思维模式提出有别于常规或常人的思路见解，利用现有的知识和物质，在特定的环境中本着理想化需求或是为满足社会需求而改进或创造新的事物、方法、元素、路径、环境，并能获得一定有益效果的行为。

因此，创新可以总结为以新思维、新发明和新描述为特征的一种概念化过程。主要包含以下三层含义：

更新老的事物

创造新的东西

改变旧的观念

上面所说的“事物”“东西”“观念”所指范围非常广泛，从燧人氏的钻木取火、哥白尼的“日心学说”到智能手机的出现都是在创造新的东西。网友评出我们国家新的四大发明——高铁、共享单车、网购、移动支付（见图1-1），就是改变我们生活的最新创新成果。

仅以移动支付为例，近两年随着智能手机的普及，移动支付飞速发展。前几年买东西我们还在使用现金、银行卡，但是近两年我们只要拿着手机就可以出门了，年轻人已经很少带现金出门。移动支付这个新事物的出现，不但创造了新的东西、更新了老的事物，我们的观念也被潜移默化了，这就是创新的含义。

图1-1　网友评出的我们国家新的四大发明

案例1：排毒通便器

小郭是海口经济学院工商管理学院2014级市场营销专业的学生，她发明的“排毒通便器”在2016年获得实用新型专利证书，她是海口经济学院联办改制以来，特别是学校建设创业型大学以来，首位获得“实用新型专利”的在校生。

学市场营销的学生怎么想起来搞发明呢？原来在大二暑假期间，小郭的妹妹因为生病而排便不畅，非常痛苦，家里人用筷子、开塞露帮助妹妹进行通便，效果都不是很好，还导致妹妹的肠壁出血。同时，小郭的爷爷也出现了同类问题。当时她就想，能不能设计出一款可以轻松排便的工具。于是她把这个想法告诉了父亲，父亲非常支持她，在他们的共同努力下研发出了“排毒通便器”。

几年来，她因为这个发明获得学校创业大赛一等奖、“互联网+”省赛银奖、创业大赛省赛二等奖等，累计获得各类创新创业赛事奖金8万余元。后来，小郭登记注册了公司，入驻位于海口保税区的国家高新企业孵化基地，开始实际运行，公司效益快速递增。

小郭为我校众多优秀学子的典型代表，曾被评为“感动校园十大人物”，其创业事迹在校园广泛宣传。她认为，创新创业并不神秘，只要满足一个公式：创新创业=敢想敢做+知识产权保护+坚持不懈。

所以，在生活中如果有好的创意、好的资源，就应该去尝试。你摄影好，可以去做工作室；你有产品秘方，可以去研发、销售；等等。生活，总是存在不完美，也因为存在“不完美”，才给了我们无限的创新创业空间，只要敢想敢做，把想法变成现实，就一定会有你创新创业的舞台。

二、创新能力

（一）定义

创新能力是指在前人发现或发明的基础上，通过自身的努力，创造性地提出新的发现、发明和新的改进、革新方案的能力。

（二）内涵

（1）形成和产生新思想、观念或创意的能力。

（2）利用新思想、观念或创意，创造出新事物的能力。

（3）应用和实现新价值的能力。

（三）特点

（1）综合性。每个创新成功的人身上所具备的能力都是综合素质的体现，创新不是某种单一能力促成的结果，在整合不同学科之后，个人只有结合其他非智力因素才能找准定位并做出科学的决策和判断。

（2）独创性。各种不同能力的综合造就了每个成功创新的人独特的人格色彩，体现了其鲜明的个性化特征，每个成功创新的人的关注点或者兴趣点都存在差异，这种差异性造就了独树一帜的创新风格与成果。

（3）实践性。任何事情都需要实践，创新能力的培养自然也离不开实践。把握创新能力的实践性，就是要在实践的基础上将新观念和新想法转化为现实成果，因此创新也是一种具有创造性的实践活动。

（4）坚持不懈。创新能力的培养不是一日之功，而是一个循序渐进的过程。在这个过程中可能会遇到意想不到的阻碍，这就需要创新者具有较强的心理素质，能不断突破、不断探索，以获取最后的成功。

案例2：智趣凝创——无毒化技术编织儿童欢乐无忧的童年

2023年10月底，第十八届“挑战杯”全国大学生课外学术科技作品竞赛终审决赛在贵州大学举行完毕。海口经济学院雅和人居工程学院学生团队的《一种基于霍夫梅斯特效应可用于软胶玩具无毒化的新型多功能水凝胶及其制备工艺》项目经过激烈角逐，荣获第十八届“挑战杯”国赛主体赛二等奖，创造了海口经济学院“挑战杯”全国大学生课外学术科技作品竞赛历史最好成绩。

“因为热爱而跨专业选题”

海口经济学院这个项目的三位成员为小孙、小冯和小李，他们并不是化学专业的学生。小孙与小冯是风景园林专业的同班同学，而小李则是土木工程专业的学生，三人看似与化学专业无关，组合在一起却迸发巨大力量：他们的项目《一种基于霍夫梅斯特效应可用于软胶玩具无毒化的新型多功能水凝胶及其制备工艺》荣获第十八届“挑战杯”国赛主体赛二等奖！

在所有人都疑惑为何大家的专业看起来和研究项目差别很大时，团队负责人小孙说：“我们都是因为热爱化学而跨专业选题。因为我在高中的时候就参加过化学竞赛，认识一些化学相关的导师和团队。正好大学有‘挑战杯’比赛，我想用自己所学的化学知识去试试。”他的同班同学小冯知道了他的想法，也欣然加入。

小孙与土木工程专业的小李在“互联网+”省赛的颁奖典礼上一见如故，成了好朋友。他们都有科技创新竞赛或者一些科技节之类的科技创新活动经验，大家的动手能力也很强，又对这个比赛感兴趣，“我们一拍即合，三人相约一起参加这个比赛”。三人各司其职。小孙作为团队负责人，主要负责材料研发与表征、知识产权成果转化；小李主要负责情报管理与数据分析；小冯主要负责实验室管理与团队行政。

他们参加的是“挑战杯”比赛科技发明类的赛道，这类赛道是以发明专利为主体的，科技发明又分科技发明A类与科技发明B类，他们选择的是科技发明B类，是能源化工类的赛道。

都说小小发明是从生活中迸发的灵感，他们的灵感是以一个同学的期望为种子，深深地“种”在了他们的脑海里。

在一次《毛泽东思想和中国特色社会主义理论体系概论》的课堂上，老师问同学们想要为这个社会做出什么样的贡献？一个同学站起来说：“现在这个市面上常见的软胶玩具多多少少都有毒，希望能做出一种没有毒的软胶玩具，这样能够让家长放心、儿童玩得安心。”

小孙捕捉到了他这个灵感，课后找到那个同学并和他说明了想要研究一款无毒的软胶玩具。“他也希望我们能够做出这种安全的软胶玩具。这是一个从用户角度出发的实际问题，然后我们想办法去解决它，这个项目就诞生了。”小孙说。

据他们实地走访调研，现在市面上常见的软胶玩具有水晶泥、史莱姆，还有液态玻璃之类的。这些软胶玩具的关键成分之一是聚乙烯醇，这种物质流动性强，而为了制作出类似果冻的质感，在生产过程中往往需要添加硼砂、甘油保湿剂，其中，硼砂具有生物毒性和致癌性，甘油保湿剂会增加有害物质在手上的滞留时间从而给使用者带来安全隐患。再加上软胶玩具市场刚刚兴起，大多数商品由“小作坊”生产，批量化生产时会直接去购买成品的木工胶水，木工胶水会挥发出有毒物质甲醛，长期接触会对使用者造成多种健康问题。所以小孙与队员们希望能够做出来一种无毒的软胶玩具。

“立项初期，团队在海口市的4所小学周围15家售卖软胶玩具的店面进行了实地考察，同时走访了33个社区、学校，发现他们所用材料大多是硼酸酯交联结构，交联剂就是硼砂，他们还使用成品胶水，并没有使用纯净的化学物质，所以说就会有一些比较大的风险。”小孙说。

他们想把这个胶粘的基质替换掉，利用一个新的、无毒的水凝胶分子作为玩具的基质，这样就可以避免它有毒的问题。为了迎合海南自贸港的发展，他们打算采用海南本土的一些香氛植物，提取天然精油作为香精的替代物进行加香，同时，用食品防腐剂进行抗菌处理，这样就可以生产出一种纯天然无毒害的软胶玩具。

说干就干，他们在“挑战杯”项目申报前进行了市场调研、科技查新，之后发现问题、进行实验，实验完成后他们把合成材料进行结构表征，材料表征结束就开始着手撰写专利文书，用专利对接工厂尝试转化落地，跟一些厂家进行合作完成实验室小试，落地之前在工厂中进行放大中试，取得产品的质量检验合格报告……

“有了方向就剩下不断尝试”

校内的老师为他们提供了赛事指导和行政便利，还教会他们如何去写巨大的本子——申报书、发明类文档。“这些东西其实是大学生很欠缺的技能点，现在很多的学生可能会写论文，但是不一定会写申报书。”小孙感激地说。

另外，还有校外的指导老师对三人进行专业的指导，指导老师有中国科学技术大学教授尤业字老师和海南师范大学副教授罗穗莲老师，他们都是高分子领域的“大牛”。

其实这个项目早在2022年的3月就已经启动了，当时尤业字老师对项目进行了指导，小孙说，“主要是点明我们研究的大方向，老师说需要一个无毒的主体去优化我们的策略，最后我们选的是锂离子辅助的氢键交联。罗穗莲老师指导我们氢键交联的注意事项，我们在他们的大方向指导下，试了很多种不同的材料，也算是有一些尝试。”

“当我理论基础知识积累到一定程度的时候，就会明白这个东西只要肯去尝试它就一定可以做出来。有了方向就剩下不断尝试，有一点像爱迪生找灯丝的故事。”小孙说。

当时还在读大二的他们把指导老师所教做了出来，觉得这种化学反应很神奇。“我们的理论知识不到位，尤老师告诉我们这其实就是霍夫梅斯特效应，要在这个方向进行深挖。”老师点明了方向，他们便开始了深度的学习，把理论知识转化过来，再对项目进行预测……校外指导老师对他们的帮助是不可磨灭的。

“挑战杯”比赛项目是需要有老师进行推荐的。小孙说：“因为跟尤业字老师和罗穗莲老师的合作时间比较长，他们对我也很信任，为我写了推荐信，推荐我们的项目去参加‘挑战杯’比赛。很感谢老师们如此信任我！”

一道道程序下来，项目这才安安稳稳地走上正轨。“现在回想起来，这个项目最后能完成是有一些运气成分在里面的。我们虽然像爱迪生找灯丝那样，尝试一切有可能成功的无毒交联剂，但是我们的这个尝试毕竟有时间的限制。

比如，赶不上‘挑战杯’比赛，或者无法推进下一步……”小孙呼了一口气，“还好赶上了！”

其实，在决赛比赛现场也出现了突发的事件。他们当时是马上要进行比赛的小组，小冯拿着项目的样品，刚好被一个志愿者撞了一下，样品的盖子摔在地上裂了一道缝。当时大家都很难受，“我还想着‘没事，评委应该是不会打开看的，应该不会有问题吧，结果现实教会我不要有侥幸心理”。小孙说。

比赛的评委老师是一位年龄比较大的老师，他对团队做的软胶玩具不了解，他注意到了样品盒子上的裂缝，打开盒子仔细地观察，最后问了小孙一些包装上的问题，还有，他搞不懂为什么儿童会喜欢玩这种玩具。“其实这些也算是我们的困难和挑战，因为没有办法很好地让一些年龄比较大的评委老师理解我们制作的产品。”

后来队员们对周边的儿童做了实地调研，采访他们的使用感受，其中一个儿童说：“那群老爷爷不会懂，只有小孩子才能发挥想象力、发挥逻辑创造力。”

“不必妄自菲薄，自己就是最棒的”

“Don’t underestimate yourself，you are the best.”

相比于比赛最后的结果，团队更在意的是完成比赛的过程。在比赛期间，他们齐心协力地完成项目，收获了知识、友谊，完成了他们自己心目中的科研。最开始小孙也是对自己有所怀疑的：我们专业水平会不会不比人家好呢？这个想法一冒出来，小孙的队员就一直在旁边鼓励他。队员们说：“你都去中国科学院上海有机化学研究所先进氟氮材料重点实验室实习了，而且你的导师已经评上了院士，这怕什么？”

小孙说：“我备受鼓舞。”

而且当时在赛场上有一位南开大学的大三同学，他来找小孙聊这个项目。小孙当时心里感叹：南开大学诶！后来在交流的过程中发现，他们团队的专业水平与南开大学团队的专业水平几乎是相当的，他们交流得很愉快。南开大学的同学告诉小孙：“不要觉得你比不过别人，当你站在这个赛场上的时候，我们大家都是平等的。”

他们对面的展位是北京航空航天大学的，北航的同学们也觉得小孙团队的专业水平没有问题，甚至还有一些人会过来看他们的展板，并发出感叹：“难怪他们可以获奖！”

有了其他学校学子和来参观展板路人的鼓励与感叹，以及指导老师们的鼓励，他们渐渐就没有这种所谓的“学术自卑”了。“比赛之前可能真的会觉得自己实力比不过人家，经过比赛之后就不会这样认为了，比赛的精神体现出来了：大家都是平等的，并没有孰强孰劣之分。”小孙说道。在展板前，有很多家长和儿童来问小孙这个项目能否落实，“我是很希望以后可以投放到市场的，虽然说现在还是在中试阶段。这个实验进入中试阶段是一个非常难得的事情，中试之后再去落地也有非常多要考虑的要素。比如，物料衡算、建厂厂址之类的”，小孙答道，“也许在不久的未来，产品会出现在市场上”。

（四）新时期的创新能力

总体来说，新时期的创新已经从以个人能力为主的单点突破式行为演变成了资源整合型的团队协作方式，因此，新时期的创新需要新的创新能力。

案例3：乔布斯和第一代iPhone

史蒂夫·乔布斯（Steve Jobs）是公认的创新大师，智能手机的开创者。这位声名卓著的创新者，却不会写一行代码，对于手机的诸多技术也是一知半解，在专业的技术人员眼中是典型的“学渣”式人物。但就是这样的乔布斯，成了新时期创新的领军人物。

自从iPod推出后，乔布斯就一直希望将收发电子邮件、打电话、听音乐三大功能整合在一个设备上，而且这款设备不仅要足够好看，还要尽可能使用方便，最好是触屏的。更夸张的是，乔布斯想让手机像计算机那样可以安装和删除程序。因此，每当乔布斯和公司高层讨论后，得出的结论都不乐观。大家认为这种想法的实施对公司来说就是一种自杀式行为，原因如下。

第一，因为芯片和带宽的限制，用手机浏览网页、下载音乐或者影片的速度会很慢，从技术上看根本不可能实现。

第二，用手机发电子邮件，黑莓手机早已占领了这一领域的市场。

第三，当乔布斯提出触屏的概念时，摩托罗拉早已做出了这样的手机。

第四，智能手机与传统手机的根本区别，在于能否存在操作系统，以及是否可以让用户任意下载程序的底层程序。但在乔布斯刚刚提出这个概念的时候，要让系统在手机芯片上运行，无异于天方夜谭。

虽然有很多人反对，但乔布斯并未放弃任何可能。2003年，苹果公司甚至曾考虑收购摩托罗拉公司，但是对当时的苹果公司来说，这起收购交易的成本太高，苹果公司根本无力承担。

尽管困难重重，苹果公司最终靠着自己的力量，开始了这几项几乎不可能完成的任务。2005年到2006年，苹果公司设计了三版iPhone。许多工程师在这个艰苦的过程中离开了公司，参与这个项目的主管之一汤尼·费戴尔（Tony Fadell）说iPhone的开发任务堪比人类首次登陆月球，有太多的未知。

在当时，乔布斯希望iPhone搭载MAC OS X操作系统，但是要让MAC OS X在手机芯片上顺利运行，就必须将程序缩小到原有的十分之一。为实现这个目标，工程师不得不重写程序代码，而且由于当时没有开发出实际可用的手机芯片，工程师只能暂时用模拟的方式测试程序代码。

另外，还有一个难点是多点触控技术。尽管多点触控技术已经出现了许多年，但从来没有人将其运用在消费性电子产品上，并且是将这项技术运用在小尺寸屏幕玻璃材质上。此外，苹果公司还必须找到拥有这项生产技术的LCD厂商，抢到他们的产能空档期。

此后，为了测试无线通信对人体的影响，苹果公司还设立了测试实验室，并购买了大量设备，运用大脑模型测试人类在使用手机时所受到的辐射强度。据估计，为了研发第一代iPhone，苹果公司砸下了1.5亿美元的资金。

2006年开发出的第二版iPhone，铝质机身，相当有质感。这是乔布斯和设计总监乔纳森·艾维（Jony lve）的得意之作，却辛苦了工程部门。因为金属材质会阻碍无线通信的传输。因为乔布斯和艾维都是艺术家，他们对于物理学一窍不通，所以工程师要费尽唇舌向两位解释其中的原理。

除了解决技术难题和每周80小时的超时工作，工程部门的另一个压力是不能和任何人透露自己的工作内容，苹果公司部门之间物理隔离是众所周知的事实，此外项目成员出差时还必须伪装成其他公司的员工，绝不能让对方发现自己来自苹果公司，提供给某些供应厂商的电路图和工程设计图也都是假的，以免机密外泄。因此，这些供货商完全不知道自己的产品是提供给iPhone的，直到产品发布会之后才恍然大悟。

正是这种对iPhone所有有关人员的毫无道理的“挑剔”要求，以及上下游产业链的整合，才最终促成了iPhone这一款划时代的创新产品。但仔细观察整个过程，可以发现乔布斯本人并未在技术层面上做出过贡献，只是对技术方向进行了选择和判断。

所以在这个时代，当创新成为一种普遍性的现象时，谁能找到最广阔的连接途径，谁能做出最精准的判断，谁就有可能成为新时期伟大创新与伟大创造的承担者。

三、岗位创新

岗位创新是近几年提出的概念，我们的大学生在毕业之后有很大一部分是要就业的，真正能够自己创业的比例并不高，那是不是意味着就业就不需要创新了呢？回答是否定的。在工作岗位上创新同样重要，这就是我们所说的岗位创新。

（一）概念

岗位创新是指在企业生产经营活动中，员工立足于本岗位，通过模仿、引进、独创、改进等方式，在生产、管理、服务等方面形成的，具有新颖性、独创性和效益性等的制度、措施、方法、工艺、技术等。

（二）如何实现岗位创新

- 富有激情的工作
- 遇事思考多一点
- 要定一个比较远大的目标
- 总结前人的经验教训

案例4：纽交所敲钟“快递小哥”窦立国

窦立国，吉林省梨树县十家堡镇靠山屯村人。1992年，18岁的他初中毕业后只身来到北京，找了一个月的工作，才在一家饭店当上了保安。1996年，梦想当厨师的他也如愿以偿在饭店当上了大厨。2004年，通过爱人的介绍，他来到申通快递公司，做了一名快递员。

工作之初，为了给人留下深刻印象，他无论走到哪里都穿着申通快递的工作服；他送快递从不怕吃苦，有时一天才吃一顿饭，更主要的是他整天琢磨如何才能有突出的业绩。于是，他为了赢得“生意”，向爱人要钱，自己做了100盒名片，就在他负责的区域，尽量选择白领人士发送，可是发给10个人里有9个不要。于是，他又想出一个办法，自制了一个脚蹬三轮快递车，侧面贴上一句粗体红字“你知道，我知道，全国人民都知道”的醒目广告语。他在北京街道上跑，为了让高楼上的人也能看见，在快递车顶棚上也贴了显眼的广告，想方设法宣传自己的申通快递品牌，不断实践着岗位创新。

经过不懈努力，他的快递活儿越来越多。一次，因为卸货太多，他跟货主吵了一架，又觉得不该，自己一口气把一车货全部卸完。临走时，货主见他如此敬业，向他要了名片。一个月后，该货主主动找到他，给了他价值26万元的货单。2010年圣诞节期间，他为了扩大宣传影响力，穿上圣诞老人的服饰，无论送取快递，他都送一个苹果给客户，装苹果的手拎袋里放了一张他的名片，3000多个苹果全都发给了新老主顾。

2013年7月，他想到一个让申通快递老总认识他的办法——手写一封自荐信，为了引起老总的注意，故意通过另一家快递公司，送到老总的桌前。老总看后还真的召见了他，给了他一个机会，让他负责72家分公司中连续半年业务倒数第一的一个分公司。他上任一个月后，该分公司就变成了倒数第二，第二个月排名第六十五，第四个月排名第十九，第五个月排名第十二，半年后排名前三，后来甚至排第一名。该分公司在2015年被评为全公司年度总冠军。

2010年夏，一位客户邀请窦立国去参加志愿活动，走访河北省的贫困地区，这对窦立国触动很大，他决定利用自己的职业做一点公益事业。2012年，窦立国结识了一个小伙子，两人决定一起为穷人家的儿童赠书。当时，小伙子表示愿意买2000本书，请窦立国通过快递送到贫困地区，帮助那里建一个农村图书馆。很快，他又募集到了2000本书和数千件旧衣服，将书和衣物全部送到了四川贫困地区。从此，窦立国就开始利用自己干快递的优势，通过微博、微信公众号定期发布信息收集衣服和书籍，寄往贫困地区。截至目前，他在全国建立了36家乡村图书馆，向贫困地区捐赠了上百台计算机和上万本图书，通过快递邮寄了60余万件旧衣物。

2013年，窦立国被邮政快递行业组织评选为“最美快递员”（50强）。2014年9月19日，阿里公司在美国纽交所上市，阿里公司正是看中了窦立国的突出表现，才决定让唯一身穿工作服的窦立国与其他7人共同为其上市敲钟，为全社会传递满满的正能量。在敲钟之前，窦立国与马云曾有两次简短的对话。马云曾对窦立国说：“你的事迹让我很感动，你真是好样的！”敲钟前的一刻，窦立国和马云开玩笑说：“这次敲完钟估计我就出名了，我想我可以回家竞选村主任了！”马云则回应：“你的号召力不只是当一个村主任，当一个县长都行。”从纽约回到北京后，窦立国确实成了一个“名人”。

“业精于勤，荒于嬉；行成于思，毁于随。”随着国家经济结构的调整，创新创业已经成为众多大学学子所青睐的人生目标。未来，我们大部分同学都会就业，那么岗位创新就是我们在职业生涯中要始终坚持的理念。

第二节 创新的原则

对外部世界来说，创新是一项直观的社会实践，而对创新者个人来说，创新又是一段曲折的心路历程。没有人生来就是创新者，也不是所有的奇思妙想都能算作创新。如果没有正确的原则规范及过程指导，创新活动就很有可能陷入钻牛角尖或误入歧途的境地。

一、创新的原则

创新的原则是依据创新思维的特点，对人们所进行无数创新活动的经验性总结，又是对客观所反映的众多创新规律的综合性归纳。因此，它能为人们更好地认识创新活动、更好地运用创新方法、更好地解决创新问题提供条件。

（一）由浅入深的原则

“千里之行始于足下”“不积跬步无以至千里”这些观念其实并没有过时，对现代创新来说仍是最佳注脚。有“现代管理之父”之称的彼得·德鲁克（Peter F. Drucker）曾写道：“有效创新都是从小处开始，而并非宏伟壮阔。”如今的人们生活在一个高度分化的世界，职业之多、新职业诞生之快是前所未见的。

近期，平安人寿为了提高服务效率首先通过AI训练师项目切入，利用AI技术辅助代理人提升服务效率。开发智能问答系统，帮助代理人快速解答客户疑问。通过数据分析预测客户需求，优化销售策略。这一阶段的创新聚焦于工具层面，通过技术替代重复性工作，降低人力成本。

其次进行流程重构，推出代理人AskBob AI助手，实现从工具到流程的升级，整合客户信息、保单管理、理赔流程等模块，形成闭环服务链。通过AI自动化处理保单核保、续保提醒等环节，减少人工干预。这一阶段涉及业务流程重构，将分散的功能整合为系统性解决方案，提升整体运营效率。

最后是深度创新，生态协同最终落地AI理赔专家项目，推动商业模式创新。联合医院、保险公司等外部机构，打通数据壁垒，实现医疗数据与保险理赔的实时对接。通过区块链技术确保理赔信息透明可信，缩短理赔周期至分钟级。

这一阶段的创新突破了单一企业边界，构建了跨行业协同生态，重新定义保险服务的价值链。

该案例体现了从“技术应用”到“系统整合”，再到“生态重构”的创新深度递进，这也是每一位勇于创新的个人或组织的必经之路。

（二）跨界组合的原则

由浅入深原则可以确保创新的方向不至于偏离正确轨道，因为它基于一项有价值的工作，但要想推广创新，形成创业公司持续的创新能力，光靠这一点远远不够。当下的创新更注重对外部信息的整合和判断，而不是某一个人的刻苦钻研。我们容易把创新者想象成独立于高山之巅的人，他会从山上下来向人宣告得到的启示，但事实是，重要的突破通常来自各个领域知识的集合。

我们身边的共享单车就是一个很好的例子，它把云计算平台、移动支付、GPS、扫码解锁等技术捆绑在一起，使服务更便捷，更贴近客户需求，创造了更多的组合和价值。

（三）坚持不懈的原则

在荒野中摸索了几年以后才能找到成功的康庄大道，这种事情并不少见。索尼一开始只是一个失败的电饭锅生产商；惠普一开始只是做一些奇奇怪怪的小玩意，例如，自动马桶冲洗装置、振动减肥的机器。杰夫·贝佐斯（Jeff Bezos）接受采访时强调了坚持不懈、不屈不挠在Amazon成功中的重要性。他说：“我们执着于远见，而在细节上更灵活，我们不会轻易放弃。”很多时候看上去光芒四射的东西，其实是一些人咬牙挺过了多年失败以后才做出来的。

案例5

小张，22岁，南京晟航餐饮管理有限公司及海口晟航餐饮管理有限公司法人，海口经济学院2022级金融工程专业学生，创业5年，从2019年进入餐饮行业以来，共计开设了13家门店，并且将自己的项目落地于母校，年营业额已达900万元以上。

“离经叛道的传承”

小张的老家位于福建省惠安县，作为当地有名的书香门第，其曾叔祖张文裕为中国科学院高能物理研究所终身名誉所长，并且曾是李政道和杨振宁在西南联大时的老师，爷爷奶奶均是新中国第一批教授级工程师。但他的父亲非常不一样，从小对于学习的兴趣远远赶不上做生意的兴趣，于是不顾父母的反对，坚持从商，白手起家。小张从初中时便开始从事电子产品的生意，从拆机、维修到售卖样样精通，初三时被老师意外发现并告诉家长时，他的父亲并没有阻止他的行为，只要求他保持基本的学习成绩，甚至给予他一笔资金继续做生意。这也为他后来的创业故事打下了坚实的基础。

“自己的痛点就是消费者的痛点”

高中时，他来到南京市内距离市中心最远的高淳县高中上学，那里的方言晦涩难懂，在“二战”时甚至作为密语使用，在那里他认识的很多同样来自市区的小伙伴都对饮食相当不习惯，“今天到底吃什么”成为他们的每日话题，于是一个在当地开一家正宗南京烤鸭店的想法诞生了。在父母的支持下，他找到市区内的烤鸭店并带着两名员工整整学习了一个暑假，40℃的南京夏天，埋头在200℃的烤鸭炉旁一干就是一整天。在学习的过程中他发现用冷水腌制开水冲烫的传统方法，不仅容易造成人员烫伤，还会使鸭肉松散，为了工序简单和生产安全，他还自己改良了配方，将传统水淹改为纯干料腌制。2019年的秋天，第一家御品烤鸭店开业了。在开业的头三个月里生意非常火爆，这让他信心大增。当他放假回家时生意却一落千丈。

烤鸭是一项非常辛苦的工作，在鸭胚烤制的两个多小时里，每隔30~40分钟就需要手工翻一次面，对于员工而言少翻两次谁都看不出来，唯有消费者吃到口中才能知道其中的区别，这也就是生意好与坏的原因。明白这个道理后他冥思苦想，因为作为老板的他不可能时刻都在，更不可能一直盯着，“总不至于一辈子就守着一个店吧！”。最后他在阅读书籍之后明白，想要开更多店就必须连锁，想要连锁多就得加盟。2020年春天，御品烤鸭转为连锁加盟制。

“大学让他脱胎换骨”

每个男孩都有一个橄榄绿的梦想，小张也不例外。高考结束后他选择入伍参军，在部队时他用了大量时间来学习，期望能考入军校，但生活对他开了一个大大的玩笑，他受伤了，九级伤残，2022年夏天他退役复学，来到了海口经济学院。

烤鸭店在他入伍期间收到来自大学食堂的邀请，大学食堂普遍采用抽点制，生意越好费用越高，合作共赢。退役后的他在开学前的两个月内就敲定了包括南京理工、南京财经在内的四所高校。入学的第一个学期学校组织开设了创新创业这门课程，他发现自己的生意居然还可以参加比赛，可谓是“名利双收”，在老师的指导下，第一年他就拿到了“互联网+”创新创业大赛海南省金奖并且选送国赛，种种奖项拿了个遍。

但风光背后是另外一份努力。PPT、策划以及图片等，几乎要了断网快两年的他一条“老命”。那段时间连续通宵两个晚上做出来的两版PPT都被指导老师评价为毫无审美，团队成员更是少得可怜，文案、财务部分无人负责，这时指导老师给他推荐了新的团队成员——营创国际商学院的小韩，在短短的两个月时间内，他们一起完成了对项目PPT无数次的修改，团队成员的扩充，财务报表及规划等。刚刚大一的他们，就打算自己立项参加比赛，很多人其实都不太看好，原因就在于“互联网+”创新创业大赛属于教育部三审一评的头部比赛，高手云集，各种新奇的项目层出不穷，获奖难度比较高，大一的同学往往会选择先加入一个较为成熟的项目积累比赛经验，到大二、大三再创立自己的项目，甚至于很多人临近毕业才能取得成绩。他们感受到了很大的压力，却没有被它打倒，在他们的努力下，项目获得了校赛二等奖、海南省金奖，最后入围国赛名单并获得铜奖。比赛后团队成员一拍即合便在海口经济学院的南苑食堂三楼开办了海南省的第一家档口。2023年，他们的项目——鸭迹天下，被立为国家级大学生创业实践项目。

任何一项成绩的取得都来之不易，一年间他们获奖、立项、项目落地，用事实证明年级不重要，重要的是想法、视野和努力。光是前期寻找团队就耗费了两个多月，甚至于比赛前三个小时在合作方发来的参赛视频里还出现文字错误，逼得他不得不边看抖音学习边修改。小张说：“一时间我甚至分不清比赛和烤鸭子哪个更累。”

“抓住机遇，回馈学校”

“我想让我的大学同学知道为什么我的鸭子能拿奖。”2023年11月，在海南自贸港建设的政策支持下，海口晟航餐饮管理有限公司成立了，他把他亲手烤鸭的照片挂在学校大创空间属于他们团队的办公室里，每一个路过的人都能看到他和他自己改良过的烤鸭。在学校领导的支持下，御品烤鸭走出了江苏省，将海经院作为省外第一个落脚点，成功落地于学校南苑食堂。这个时候御品烤鸭迎来了第13家分店。他说："想干就干，随别人怎么说，只有自己走过才算数"，"自信即巅峰"。

二、创新与创业的关系

虽然创新与创业是两个不同的概念，但是两个范畴之间存在着本质上的联系：内涵上的相互包容和实践过程中的互动发展。第一次提出了创新概念的奥地利著名经济学家约瑟夫·熊彼特（Joseph Alois Schumpeter）认为，创新是生产要素和生产条件的一种从未有过的新组合，这种组合能够使原来的成本曲线不断更新，由此产生超额利润或潜在的超额利润。创新活动这些本质内涵体现在它与创业活动性质上的一致性和关联性。

（一）创新是创业的本质与源泉

熊彼特曾提出："创业包括创新和未曾尝试过的技术。"创业者只有在创业的过程中具有持续不断的创新思维和创新意识，才能产生新的、富有创意的想法和方案，才能不断寻求新的模式、新的思路，最终获得创业的成功。

（二）创新的价值在于创业

从一定程度上讲，创新的价值就在于将潜在的知识、技术和市场机会转变为现实生产力，实现社会财富的增长，造福于人类社会。而实现这种转化的根本途径就是创业。创业者可能不是创新者或发明家，但必须具有发现潜在商机和敢于冒险的精神，创新者也并不一定是创业者和企业家，但是创新的成果则是经由创业者推向市场的，使潜在的价值市场化，创新成果才能转化为现实生产力，这也从侧面体现了创新创业的相互关联。

（三）创业推动并深化创新

创业可以推动新发明、新产品或者是服务的不断涌现，创造出新的市场需求，从而进一步推动和深化各方面的创新。因此也就提高了企业或整个国家的创新能力，推动了经济的增长。

创新与创业的关系见图1-2。

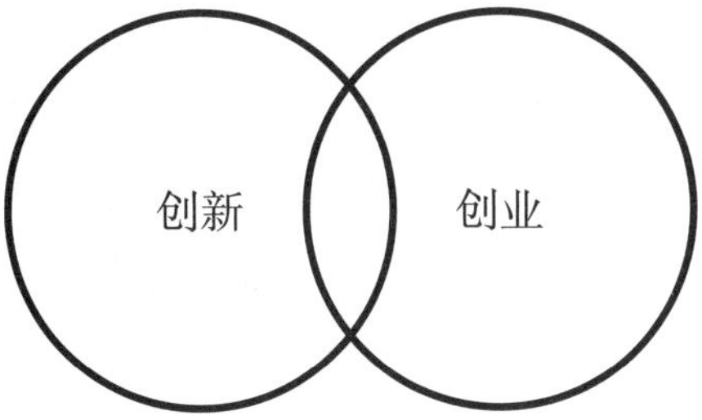

图1-2 创新和创业的关系

案例6："Also Skate Home"实体滑板店

小石是我校2016级财会学院的学生，大家都习惯叫她"石头"。她12岁的时候就开始接触滑板，刚刚拿到海口经济学院录取通知书时，她对即将展开的大学生活欣喜若狂，她在网上搜索海口当地以及学校有关滑板的信息，令她费解的是，学校竟然没有一个跟滑板相关的社团。在学校贴吧转了一圈，石头也没有瞅见有"滑板"字眼的帖子，抱着试试看的心态，石头发了征集学校滑板爱好者的帖子，得到了三四个人的回应，数量少得让石头震惊。

等到了开学从太原来到海口之后，石头发现学校里玩滑板的真就只有三四个人。为了能够吸引更多的人学滑板，石头决定在学校带一波滑板节奏，一来是为了找到玩滑板的小伙伴，二来是想在学校营造玩滑板的气氛。可怎么带呢？石头在师生经过的风雨广场开始了滑板表演，每天就在那里滑呀滑，先吸引一波目光，之后慢慢地有很多同年级的小伙伴加入，后来整个大学城的滑板爱好者都来这里玩滑板，再到后来，大家一起刷街，一起做滑板Tour。

当知道石头的人多起来之后，想买滑板的朋友也开始找到石头，请她帮忙选滑板，为了让更多的朋友玩得起滑板，石头就找到好友也就是太原滑板店老板田家栋帮忙代买滑板，自己开了个小微店方便大家选择，每当石头收到寄来的滑板之后，就把寝室当工作室，帮着板友组装滑板。

卖出去20多块滑板之后，石头发现，网店并不能给大家带来玩滑板的气氛，还是得有一个可以让板友得到帮助、能落脚休息的"家"，于是开了"Also Skate Home"实体滑板店。石头说她的梦想就是开滑板店。

开店是一瞬间的想法，但把店开起来不是三两天就能完成的事情。开店之前，她制作了调查问卷，为了回收到真实的数据，石头在各个QQ群里发送问卷，请愿意做的同学做，不愿意做也没关系，在"给力"的陌生同学帮助下，调查进行得很顺利。

在选店铺和装修阶段，石头经历了很多意想不到的状况，因为不想让家里负担太多，石头拿出自己的小金库，同时也争取到了学校的创业贷款，店铺设计就由学环艺的同学负责，为了店铺装修她坐在大货车上从南跑到北，运送一车车材料到店里。店好不容易开起来了，经营问题又来了。为了节省成本，石头一个兼职都没请，找了一个和自己上课时间刚好错开的朋友帮忙，于是店铺每天早上9点到晚上10点半都有人在。平时还得上课，在课余期间还要计算很多需要补充的东西，再加上海口热到让人没脾气的天气，还有对很多滑板圈内的品牌和货源不了解，导致走了很多的弯路……当然开朗的性格和聪明的头脑，也让石头遇到不少贵人，特别是王宏涛和田家栋前辈的指导，让石头很快把滑板店开得像模像样，石头感慨，这一路走来，也正是因为有了很多朋友的帮助，自己才会成长得那么快。

因为开了滑板店，石头也成了学校里有名的创业达人，还曾被邀请成为创业沙龙的分享人，讲述自己“滑出来”的创业经历。

目前，“Also Skate Home”实体滑板店已开了3家，是海南省唯一一家由国家滑板运动员自主经营的专业实体滑板店，以滑板及其周边产品的售卖和推广滑板文化为主。店内主理人及团队成员都是国家体育总局认证的国家滑板运动员。2018年11月，石头的第4家店开张了。

石头主要承办的大型活动有：2016年6月24日，DC世界滑板日海南海口站，并与DC唯一赞助的中国职业滑手刘佳明共同庆祝，参赛人数达300余人；2017年6月25日，Vans世界滑板日海南海口站及绝对伏特加AfterParty，参赛人数达500余人；2017年，Vans世界滑板日海南海口站由石头的公司主办，当时活动到场参赛人数达500余人，包括来自不同国家及中国其他省份的嘉宾；2018年7月，全国滑板极限联赛CSP海南赛区海口站打响，此次活动赛区主办为“Also Skate Home”，共选出两名冠亚军奔赴8月深圳大区的比赛，并取得了优异成绩；石头作为滑手也入选了2020年东京奥运会的国家队预备队员。

第三节 创新类型与创新意识培养

在人类历史的长河中，创新宛如璀璨星辰，照亮了社会前进的道路。从古老文明中简单工具的发明，到现代科技领域里人工智能、量子计算等前沿技术的突破，创新始终是推动人类社会不断进步的核心力量。在当今这个全球化竞争日益激烈、科技发展日新月异的时代，创新能力已经成为衡量一个国家、企业乃至个人竞争力的关键指标。创新意识的培养在当下显得尤为紧迫和重要。对于个人而言，拥有创新意识意味着在职业发展中能够脱颖而出，实现自我价值的最大化。在快速变化的就业市场中，具备创新能力的人更容易适应新的工作要求，创造出独特的价值。对于企业而言，创新意识是生存和发展的命脉。在激烈的市场竞争中，唯有不断创新，才能推出具有竞争力的产品和服务，占据市场高地。对于国家而言，创新意识是提升综合国力、实现可持续发展的关键。一个国家的创新能力决定了其在国际舞台上的地位和影响力，关乎国家的未来和民族的兴衰。

一、创新类型

创新的类型多种多样，每种类型都体现了在不同领域和层面上对现状的改进或颠覆。这些创新类型涵盖了不同的领域和层面，共同推动了社会进步和经济发展。在实际应用中，可以根据具体情况选择适合的创新类型进行实践。

（一）产品创新

产品创新是指企业在原有产品基础上，通过技术创新、设计创新、功能创新等手段，创造出满足市场需求的新产品或新服务。它是一个全过程的概念，既包括新产品的研究开发过程，也包括新产品的商业化扩散过程，是企业技术创新中最重要、最基本的内容，是企业技术创新的核心。

按创新程度划分，产品创新的类型可分为以下几种。

重大创新：如根本性创新，指企业首次向市场引入的、能对经济产生重大影响的创新产品或技术，包括全新产品或采用与原产品技术完全不同技术的产品，像计算机和晶体管收音机等，它改变了产品的基本特征，决定了以后的竞争格局和技术创新格局。

渐进式创新：单个渐进性创新带来的变化很小，但一次次累积起来，在降低产品成本和提高性能等方面效果显著。例如，美国福特汽车公司的T型车，从1908年到1926年，价格从1200美元降到290美元，劳动生产率和资本生产率显著提高，背后是无数次的工艺改进。

按创新内容划分，产品创新的类型可分为以下几种。

技术创新：通过引入新技术，提升产品性能，降低成本。

设计创新：优化产品外观、结构，提升用户体验。

功能创新：增加产品功能，满足消费者新需求。

按创新模式划分，产品创新的类型可分为以下几种。

率先创新：依靠自身的努力和探索，产生核心概念或核心技术的突破，并在此基础上完成创新的后续环节，率先实现技术的商品化和市场开拓，向市场推出全新产品。

模仿创新：企业通过学习、模仿率先创新者的创新思路和创新行为，汲取率先创新者的成功经验并总结其失败教训，引进和购买率先创新者的核心技术与核心秘密，并在此基础上改进完善，进一步开发。

（二）过程创新（也称“工艺创新”）

过程创新指企业采用了全新的或有重大改进的生产方法、工艺设备或辅助性活动。它是产品的生产技术变革，包括新工艺、新设备和新生产组织方式的采用。这里的新要体现在技术、设备或流程上；对本企业而言必须是新的，但对于其他企业或整个市场而言不一定是新的。辅助性活动指企业的采购、物流、财务、信息化等活动。

1. 与产品创新的区别

产品创新侧重活动的结果，成果主要体现在物质形态的产品上；而工艺创新侧重活动的过程，其成果既可以渗透于劳动者、劳动资料和劳动对象之中，还可以渗透在各种生产力要素的结合方式上。产品创新的生产者主要是为用户提供新产品，而工艺创新的生产者也是创新的使用者。

2. 主要类型

围绕提高产品质量等级、品率的工艺创新：通过改进工艺，提升产品质量等级，增强产品在市场上的竞争力。

围绕减少质量损失率的工艺创新：降低生产过程中的次品率和废品率，降低因质量问题造成的损失。

围绕提高工业产品销售率的工艺创新：使产品质量更适应市场需要，吸引顾客、拓展市场、扩大销售。

围绕提高新产品产值率的工艺创新：反映新产品在企业产品中的构成情况，体现企业技术进步状况和工艺综合性水平。现代技术密集型创新产品，需要多种技术综合而成的工艺技术，如CIMS（计算机整合制造系统）技术，以实现对产品寿命周期信息流、物质流和决策流的有效控制与协调。

围绕节约资源、降低成本的工艺创新：通过改进原有工艺，科学、合理、综合、高效地利用现有资源，抑或是采用新工艺、开发利用新资源，使企业节约能源、降低物耗能耗，降低产品成本。

围绕有益于环境的工艺创新：满足社会、政府和人民对企业生产及其产品低污染或无污染的要求，减少生产过程的污染，提供无污染的产品。

（三）服务创新

服务创新是指新设想、新技术手段转变成新的或者改进的服务方式。从不同角度有不同理解，从经济角度来看，是通过非物质制造手段进行的增加有形或无形产品附加价值的经济活动；从社会角度来看，是创造和开发人类自身，提高和完善生存质量，改善社会生态环境的活动；从方法论角度来看，是开发一切有利于创造附加价值的新方法、新途径的活动。企业层面的服务创新是指企业通过引入新的服务模式、服务产品或服务流程，以满足客户需求，提升客户体验的过程。

服务创新的类型可根据不同的划分方法分为以下几种。

按创新程度划分：渐进式创新侧重对现有服务的改进。突破式创新涉及颠覆性服务模式的出现。

按创新对象划分：包括服务产品创新、服务流程创新和服务体验创新。

按创新范围划分：内部创新关注企业内部流程和服务体系，外部创新关注与外部合作伙伴的合作。

（四）市场创新

市场创新是指涉及市场策略、渠道、营销等方面的创新，旨在更好地满足客户需求、扩大市场份额或提升品牌形象。虽然此类型在前面的回答中以“商业模式创新”的形式出现，但“市场创新”更侧重市场层面的变革。

（五）组织创新

组织创新是指组织在适应外部环境变化和内部发展需求的过程中，通过调整组织结构、优化管理流程、创新业务模式等方式，实现组织持续发展和竞争优势提升的过程。它不仅包括组织结构的调整，而且涵盖管理方式、沟通机制、企业文化等方面的变革，涉及组织内外部资源的整合、协同和优化。

组织创新可分为以下3种类型。

结构创新：调整企业组织结构，优化部门设置和岗位职责，建立更加灵活和高效的组织体系。例如，将几个部门的职责组合在一起，或者精简某些纵向层次、拓宽管理范围，使组织扁平化或机构更少。

文化创新：建立开放、包容、创新的企业文化，激发员工的创造力和团队合作精神。

流程创新：优化企业内部流程，打破部门壁垒，提高流程效率和灵活性。

（六）供应链创新

供应链创新（Supply Chain Innovation，SCI）是指为了给利益相关方创造价值，供应链网络相关的所有参与者在产品、过程、市场、技术、资源配置及组织上进行从渐进到激进的综合性变革。如果创新变革绩效达到经济、社会和环境绩效的平衡，即三个维度都呈现正向绩效（至少是非负的），则这种供应链创新称为“可持续的供应链创新”（Sustainable Supply Chain Innovation，SSCI）。

案例7：海尔集团

海尔集团通过物流整合和改造，建立了现代物流体系，实现了从采购、生产到销售的全流程优化。其现代物流的起点是订单，企业把订单作为企业运行的驱动力，完全按订单组织采购、生产、销售等全部经营活动。

海尔还建立了网上订单管理平台、网上支付系统、网上招标竞价平台和信息交流平台，形成了集成化的信息平台，提高了供应链的响应速度和协同效率。

在优化供应链布局方面，海尔优化供应商网络，扩大国际供应商的比重，就近发展供应商，并请大型国际供应商参与海尔产品的前端设计，形成了双赢的战略伙伴关系。

海尔的创新实践使得其更快地响应市场需求，提高产品质量和降低库存成本。同时，通过优化供应链布局和建立集成化的信息平台，海尔提高了供应链的协同效率和响应速度，增强了市场竞争力。

（七）商业模式创新

商业模式创新是指企业价值创造提供基本逻辑的变化，即把新的商业模式引入社会的生产体系，并为客户和自身创造价值，通俗地说，就是企业以新的有效方式赚钱。新引入的商业模式，既可能在构成要素方面不同于已有商业模式，也可能在要素间关系或者动力机制方面有所不同。

1. 创新方法

改变收入模式：改变一个企业的用户价值定义和相应的利润方程或收入模型。企业需从确定用户的新需求入手，确认解决方案后确定新的用户价值定义，进而进行商业模式创新。例如，喜利得公司从硬件制造商变为服务提供商，把制造向第三方转移，同时改变盈利模式。戴尔、沃尔玛等企业也通过这种方式进行商业模式创新。

改变企业模式：改变一个企业在产业链的位置和扮演的角色，即改变其价值定义中“造”和“买”的搭配，一部分由自身创造，其他部分由合作者提供。一般通过垂直整合策略或出售及外包实现。如谷歌公司收购摩托罗拉手机公司和安卓移动平台操作系统，进入移动平台领域；IBM出售个人电脑业务，进入IT服务和咨询业，扩展软件部门。

改变产业模式：最激进的一种商业模式创新，要求企业重新定义本产业，进入或创造一个新产业。如IBM推动智能星球计划和云计算。

改变技术模式：运用新技术手段推动商业模式创新。例如，借助大数据、人工智能等技术，企业可实现对市场需求的精准预测，提高产品和服务的针对性。

2. 类型

平台型商业模式创新：如滴滴出行、美团外卖、Airbnb等企业，通过搭建平台连接不同的用户群体或业务板块，实现资源共享和互利共赢。这种模式具有开放性、共享性和双边市场等特征，能够快速聚集大量用户和资源，提高市场效率和竞争力。

共享型商业模式创新：以共享单车、共享汽车、共享办公等为代表，通过互联网平台将闲置资源进行优化配置，提高资源利用效率。例如，共享单车解决了城市出行问题，降低了碳排放；共享办公为企业提供了低成本高效率的办公空间。

定制化商业模式创新：根据客户需求定制产品或服务，以满足个性化需求，如服装定制、家具定制、个性化旅游等。这种模式能够提高客户满意度，增加企业利润，但需要快速响应市场需求，提高生产效率。

数字化商业模式创新：利用互联网技术实现业务的数字化转型，如美团外卖利用互联网技术实现快速配送。数字化商业模式创新能够提高企业的运营效率和竞争力，创造新的市场机会。

生态圈商业模式创新：将企业内外部资源进行整合，形成一个完整的生态系统，如腾讯生态圈、小米生态圈。这种模式以用户需求为导向，提供全方位的服务和体验，能够提高企业竞争力，降低成本，增加收入。

二、大学生应该如何培养创新意识

大学生培养创新意识需要经过多方面的努力和实践。通过拓宽知识视野、培养批判性思维、实践与创新、培养团队协作能力、保持好奇心和求知欲以及培养创新思维技巧等方法，大学生可以不断提升自己的创新意识和能力。

（一）保持好奇心和求知欲

激发兴趣：兴趣是培养创新意识的起点，大学生正处于兴趣广泛、思维活跃的阶段，应主动参加学术讲座、科技比赛等活动，接触更多知识，培养对未知领域的好奇心和探究欲。

打开禁锢的思维：很多学生的思维易受思维定式影响，难以突破现有思维。大学生要从多个方面思考问题，敢于挑战权威，勇于突破传统，追求新颖独特的思维方式和解决问题的方法。

增强创新意识：要树立创新意识，认识到创新是推动社会进步和个人发展的重要动力。通过课堂学习、自主阅读、参加讲座等途径，不断丰富自己的知识体系，提高综合素质。

鼓励自主学习和探索：注重培养自身的自主学习和探索能力，独立思考和发现问题。可以通过设置开放性问题、组织讨论和辩论、提供多元化的学习资源等方式，激发好奇心和求知欲，培养创新思维和创新能力。

（二）积极参与多种实践活动

1. 参与科研项目

科研项目是培养大学生创新意识的有效途径。高校通常会有各种各样的科研项目供学生参与，这些项目涉及不同的学科领域。在参与科研项目的过程中，大学生可以接触到前沿的学术知识和研究方法。例如，在生物科学领域的科研项目中，学生可能会参与基因编辑技术的研究，这就要求他们不断探索新的基因编辑方法，提高编辑效率和准确性。通过与导师和团队成员的合作，他们能够在实践中学习如何提出研究问题、设计实验方案、分析实验结果等，这些环节都需要创新思维的参与。而且，在科研项目中遇到的各种困难和挑战，也会促使大学生不断寻找新的解决方案，从而激发创新意识。

2. 参加创新创业大赛

创新创业大赛为大学生提供了一个展示创新成果和创新思维的平台。在大赛中，大学生可以将自己的创意想法转化为实际的商业计划或者创新项目。例如，全国大学生创新创业大赛吸引了众多高校学生参与。参赛学生需要从市场需求出发，设计具有创新性的产品或服务。他们要考虑产品的独特卖点、商业模式的可行性、市场推广策略等多个方面。在这个过程中，为了在众多参赛团队中脱颖而出，他们必须不断挖掘创新点，如采用新的技术、新的运营模式或者新的营销策略等。而且，通过与其他参赛团队的交流和评委的点评，他们还能够吸收他人的经验和建议，进一步完善自己的创新想法。

3. 投身社会实践

社会实践让大学生有机会将所学知识应用到实际社会场景中。例如，大学生可以参加志愿者服务活动，针对社会中的弱势群体，如孤寡老人或者贫困儿童等，开展创新的帮扶计划。他们可以利用互联网技术，搭建线上帮扶平台，为孤寡老人提供远程陪伴服务，或者为贫困儿童提供在线教育资源。此外，大学生还可以参与社会调研活动，深入了解社会问题，如环境污染、社会公平等，然后运用创新思维提出解决问题的方案。在社会实践中，大学生能够直接感受到社会的需求和问题所在，从而更有针对性地进行创新。

（三）建立多元的知识体系

1. 跨学科学习

现代社会的许多创新成果都是跨学科知识融合的结果。不同学科之间存在着相互联系和相互补充的关系。大学生应该打破学科界限，进行跨学科学习。例如，生物工程领域的创新往往涉及生物学、化学、工程学等多个学科的知识。一个想要在生物工程创新方面有所建树的大学生，不仅要掌握生物学中细胞结构、基因表达等知识，还要了解化学中分子合成、反应动力学等知识，以及工程学中设备设计、工艺流程等知识。通过跨学科学习，大学生可以从不同学科的视角看待问题，从而产生新的创意和想法。比如，在设计一款环保型建筑材料时，可以结合材料学、生物学和建筑学的知识，利用生物材料的特性提高建筑材料的环保性能。

2. 广泛阅读与自主学习

广泛阅读是拓宽知识面的重要途径。大学生应该阅读不同领域的书籍，包括科学、文学、历史、哲学等。科学书籍可以让学生了解最新的科技成果和研究动态，文学书籍能够培养学生的想象力和情感表达能力，历史书籍有助于学生从过去的经验中汲取智慧，哲学书籍能提升学生的思维深度。例如，阅读科幻小说可以激发学生对未来科技的想象，像阿西莫夫的科幻小说中常常包含对未来机器人、星际旅行等的想象，这些想象可以为科技领域的创新提供灵感。同时，大学生要具备自主学习能力，不能仅仅依赖课堂教学。他们可以利用网络资源，如在线课程平台，学习自己感兴趣的课程，不断充实自己的知识体系，为创新意识的培养奠定坚实的基础。

思考题：

1. 什么是创新？
2. 什么是岗位创新？
3. 创新与创业的关系是什么？

第二章　创新思维与成功案例

创新思维是创新能力的重要基础和先导条件。创新思维以新颖独创的方法解决问题，能突破常规思维界限，以超常规甚至反常规的方法、视角去思考问题，为创新活动提供方向和思路；创新思维具有灵活性、开放性和原创性等特质，能够激发创新灵感。它可以使人们从不同的角度看待问题，发现隐藏的机会和可能性。比如，在产品设计领域，设计师通过创新思维，将不同的元素进行组合和创新，从而设计出具有独特功能和外观的产品。同时，不断培养和锻炼创新思维，可以拓宽人们的视野，提高解决问题的能力，从而促进创新能力的提升。

第一节　突破思维障碍

一、定势思维

（一）含义

定势思维也称思维定式，是指人们在思考问题时，一直按照固定的方式进行思考、理解、记忆问题，久而久之就会形成一种固定的思维模式，使人们习惯于从固定的角度观察、思考事物，以固定的方式接受事物。

经常按照习惯从固定的思路去考虑问题、分析问题，表现为在解决问题过程中做特定方式的加工准备。因此，定势思维又称“惯性思维”，它阻碍了思维的开放性和灵活性，造成思维的僵化和呆板。这使得人们不能灵活地运用知识，创造性思维的发展也受到阻碍。

从另一个角度来讲，定势思维也可以说是思维的惯性，或思维的惰性。定势思维在人的思维能力上是一种重要的表现，它是人通过不断学习和实践累积下来的经验，并形成自己独有的对世界的客观认识以及认知规律和途径。所以定势思维具有明显的个体性。

思维习惯活动最主要的要素是思维偏好，思维偏好在很大程度上决定了我们的思维习惯，最终形成不同的行为习惯，因此我们对思维偏好的了解可以解决什么问题是我们与生俱来的天赋，还可以知道周围人的思维偏好是怎样的。

定势思维是由主体的头脑当中一些起基础性作用且影响深远的要素——知识、经验、观念、方法所产生的，所以它的作用时效比较长，影响范围比较广，因而定势思维会伴随着我们的学习和实践而不断变化、发展，在环境不变的条件下，定势思维使人能够运用已掌握的方法迅速解决问题。因此，定势思维是主体思维的基础和前提，初生的婴儿没有定势思维，而且也不会思考。在情境发生变化时，定势思维则会妨碍人采用新的方法。消极的定势思维是束缚创造性思维的枷锁。深刻认识定势思维的本质，对我们正确认识定势思维与创新性思维的关系起着非常关键的作用。

（二）主要特征

1. 趋向性

思维者具有力求将各种各样问题情境归结为熟悉问题情境的趋向，表现为思维空间的收缩，带有集中性思维的痕迹。如学习立体几何，应强调解题的基本思路，即将空间问题转化为平面问题。

2. 常规性

常规性指按照常识、常理、经验解决问题。如学因式分解，必须掌握提取公因式法、十字相乘法、公式法、分组分解法等常规的方法。

3. 程序性

程序性是指解决问题的步骤要符合规范化要求。如证明几何题，怎样画图、怎样叙述、如何讨论、如何进行格式摆布，甚至如何使用“因为、所以、那么、则、即、故”等文字，都必须清清楚楚、步步有据、格式合理，否则就会混乱。

（三）类型

1. 有笼必有鸟——心理图式

一位心理学家曾和一个人打赌说："如果给你一个鸟笼，并挂在你房中，那么你就一定会买一只鸟。"

这个人同意打赌。因此，心理学家就买了一只非常漂亮的瑞士鸟笼给他，他把鸟笼挂在起居室桌子边。结果可想而知，当人们走进来时就问："你的鸟什么时候死了？"

他立刻回答："我从未养过一只鸟。"

"那么，你要一只鸟笼干什么？"

他无法解释。

后来，只要有人来他的房子，就会问同样的问题。他的心情因此被搞得很烦躁，为了不再让人询问，他干脆买了一只鸟装进空鸟笼里。

心理学家后来说，去买一只鸟比解释为什么他有一只空鸟笼要简便得多。人们经常是先在自己头脑中挂上鸟笼，最后不得不在鸟笼里放些什么东西。

2. 狗鱼思维——拒绝变化

有一种鱼叫作狗鱼。狗鱼富有攻击性，喜欢攻击一些小鱼。科学家做了这样一个实验：把狗鱼和小鱼放在同一个玻璃缸里，在两者中间隔上一层透明玻璃。狗鱼一开始试图攻击小鱼，但是每次都撞在玻璃上。慢慢地，它就放弃了攻击。

后来，实验人员拿走了中间的玻璃，这时狗鱼仍没有攻击小鱼，这个现象被叫作"狗鱼综合征"。狗鱼综合征的特点是：①对差别视而不见；②自以为无所不知；③滥用经验；④墨守成规；⑤拒绝考虑其他的可能性；⑥缺乏在压力下采取行动的能力。

思维定式一旦形成，有时是很悲哀的。这也是我们要不断学习新知识、新观念的原因之一。形势在不断变化，必须关注这些变化并及时调整自己的行为。一成不变的观念将带来毫无生机的局面。

3. 阿西莫夫的智商——惯性思维

所谓"惯性思维"就是思维沿前一思考路径以线性方式继续延伸，并暂时封闭了其他的思考方向。

阿西莫夫是俄罗斯犹太裔美国人，世界著名的科普作家。他曾经讲过这样一个关于自己的故事。

修理工对阿西莫夫说："嗨，博士，我来考考你的智力，出一道思考题，看你能不能正确回答。"阿西莫夫点头同意。修理工便开始出题："有一位聋哑人，想买几枚钉子，就来到五金商店，对售货员做了这样一个手势：左手食指立在柜台上，右手握拳做出敲击的样子。售货员见状，先给他拿来一把锤子，聋哑人摇摇头。于是售货员明白了，他想买的是钉子。"

"聋哑人买好了钉子，刚走出商店，接着进来一位盲人。这位盲人想要一把剪刀，请问：盲人将会怎么做？"

阿西莫夫顺口答道："盲人肯定会这样——"他伸出食指和中指，做出剪刀的形状。听了阿西莫夫的回答，修理工开心地笑起来："哈哈，答错了吧！盲人想买剪刀，只需要开口说'我买剪刀'就行了，他干什么要做手势啊？"

阿西莫夫只得承认自己回答得很愚蠢。而那位修理工在考问前就认定他肯定答错，因为阿西莫夫"所受的教育太多了，不可能很聪明！"

有这样一个问题：一位公安局局长在路边同一位老人谈话，这时跑过来一个小孩，急促地对公安局局长说："你爸爸和我爸爸吵起来了！"老人问："这孩子是你什么人？"公安局局长说："是我儿子。"请你回答：这两个吵架的人和公安局局长是什么关系？

这一问题，在被试100人中只有两人答对！后来对一个三口之家问这个问题，父母没答对，孩子却很快答了出来："局长是个女的，吵架的一个是局长的丈夫，即孩子的爸爸；另一个是局长的爸爸，即孩子的外公。"

为什么那么多成年人解答如此简单的问题反而不如孩子呢？这就是定式效应：按照成人的经验，公安局局长应该是男的，从男局长这个心理定式去推想，自然找不到答案；而小孩子没有这方面的经验，也就没有心理定式的限制，因而一下子就找到了正确答案。

4. 猴子实验——群体惯性

有位科学家曾做过一个实验：将4只猴子关在一个密闭的房间里，每天喂很少食物，把猴子饿得吱吱叫。数天后，实验者从房间上面的小洞放下一串香蕉时，一只饿得头昏眼花的大猴子一个箭步冲向前，可是当它快要拿到香蕉时，就被预设机关所泼出的热水烫得全身是伤；后面3只猴子依次爬上去拿香蕉，一样被热水烫伤。于是猴子们只好望"蕉"兴叹。

又过了几天，实验者把一只新猴子换进房内，当新猴子肚子饿得咕咕叫，也想尝试爬上去吃香蕉时，立刻被其他猴子阻止，并告知它有危险，千万不可尝试。实验者再换一只猴子进来，当这只猴子想吃香蕉时，有趣的事情发生了，这次不但原来的猴子阻止它，连没被烫过的那只猴子也极力阻止它。

实验继续，当所有猴子都已换过之后，仍没有一只猴子敢去碰香蕉。上头的热水机关虽然取消了，而被热水浇注的“组织惯性”束缚着进入笼子的每一只猴子，使它们把唾手可得的盘中美餐视为洪水猛兽，谁也不敢前去享用。

这就是群体惯性形成的过程。在变幻莫测的市场环境中，企业要想赢得竞争优势，就必须学会随着时代的发展变化而迅速做出相应的调整，否则只能像故事中的猴子那样，在昨天的教训上平白错失今天的机会。

然而，一些把成功归因于经营管理模式的富有竞争力企业，面对一切以变化为主题的现实仍高高在上，丝毫不怀疑让自己成功的经营管理模式的价值和适用性，不思更新，固执地运行在“成功经验”的轨道上。结果，由于一成不变，企业昔日的辉煌渐渐蜕变为组织惯性，成为企业生存道路上的羁绊。

➡5. 引火烧身——线性思维

一个漆黑的夜晚，司机老王开着一辆除了喇叭不响什么都响的北京吉普车外出，车行至半路抛锚了，他初步判断是油耗尽了，便下车检查油箱。因没带手电筒，就顺手掏出打火机照明，然后轰的一声巨响，他就失去意识了。等他醒来时发现自己正躺在医院的病床上，后来他才知道是一位路过的好心司机救了他。车报废了，人毁容了，万幸的是命捡回来了。老王说：“当时只是想借打火机的光，看油箱里究竟还剩多少油，根本没想到打火机的火，会引爆油箱并引火烧身。”这是典型的“线性思维”惹的祸。

线性思维模式有两个基本特点。

第一个特点是把多元问题变为一元问题。客观对象所包含问题往往是多元的，线性思维模式要求突出其中一个问题，把其余问题撇开，或者把复杂问题归结为一个简单问题，然后予以处理。

第二个特点是用一维直线思维处理一元问题，使之成为具有非此即彼的答案的问题，并排除两个可能答案中的一个。

➡6. 保守的力量——惰性思维

惰性思维是存在于人类思维深处一种保守的力量，人们总是习惯用老眼光看待新问题，用曾经被反复证明有效的旧概念去解释不停变化着的世界的新现象。惰性思维可分为两种：一是缺少积极主动的思维意识；二是缺少积极主动的思维心态。惰性思维可以说是非常普遍地存在于我们的现实生活中，譬如，当碰到某件事的时候，我们想当然地以为，它就应该是某个样子，或者是就应该朝着某个方向发展，还总会以此为借口，没有进一步思考。

思维的惰性远比肉体的懒惰可怕。一个思维的懒惰者，可以被动地应付着去解决问题，却绝不可能主动地去发现一些新的问题，因此，他们最多只能麻木地做事，就像工业机器人一样，只懂得按照某个指令做事，而不能积极地做事。肉体上的懒惰者充其量就是个懒人，而思维上的懒惰者，则会成为一个不折不扣的庸人、废人。

无法指望一个思维上的懒惰者会有什么大的创举。任何一个创举通常都是由很多问题组成的，都是一个个问题的被发现与最终问题被解决的结果的体现。正如爱迪生发明灯泡，几千次的反复试验，恰恰证明了他是一个有着积极思维心态的人，他可以不断地找到新的问题，思考新的理论，寻求新的解决方案，并用理论去指导实践，一次次验证他的方案，所以最终注定他能解决问题。

从舞剑中可以悟到书法之道，从飞鸟飞行可以悟出飞机的制造原理，从蝙蝠可以联想到电波，从苹果落地可以悟出万有引力……常爬山的人应该去涉涉水，常跳高的人应该去打打球，常划船的人应该去驾驾车，当官的人应该去体验一下基层工作。换个位置，换个角度，换个思路，也许我们面前会是一番新的天地。

7. 失去的金子——习惯思维

一个穷人在一本书里发现了寻找“点金石”的秘密，点金石是一块小小的石子，它能将任何一种普通的金属点化成纯金。点金石就在黑海的海滩上，和成千上万块与它看起来一模一样的小石子混在一起。真正的点金石摸上去很温暖，而普通的石子摸上去是冰凉的。

所以，当他摸着石子是冰凉的时候，他就将它们扔到大海里。他这样干了一整天，却没有捡到一块摸起来温暖的石子，他又这样干了一个星期，一个月，一年，三年，可他还是没有找到点金石。他继续这样干下去，捡到一块石子，是凉的，将它扔到海里；又去捡起一颗，还是凉的，再把它扔到海里；又一颗……

有一天上午他捡起了一块石子，这块石子是温暖的——但他随手就把它扔进了海里。他已经形成了一种习惯，把他捡到的所有石子都扔进海里。他已经习惯于做扔石子的动作，以致当他捡到真正想要的那一颗石子时，他还是将其扔进了海里……

贝弗里奇在其《科学研究的艺术》一书中解释了习惯思维：“我们的思想越多次采取特定的一种思路，下一次采取同样思路的可能性就越大。在一连串的思想中，一个个观念之间形成了联系，这种联系每利用一次，就变得越发牢固，直到最后，这种联系紧紧地建立起来，以至于它们的连接很难被破坏。这样，就像形成条件反射一样，思维受到了条件的限制。我们很可能具备足够的资料来解决问题，然而，一旦采用了一种不利的思路，问题考虑得越多，采取有利思路的可能性就越小。”

二、偏见思维

（一）含义

偏见，即见解背离了事物或事件的本来面目。偏见思维是指人们从自己的立场出发看待事物或社会现象的思维方式。我们的观念决定我们所看到的世界。几乎在人类学会思考的同时，思维认识上的偏见便产生了。任何一个人，任何一种思维，都代表着一种偏见，这是谁也不可能逃避的。

思维偏见源自人认识问题的出发点不同，从不同的角度去认识事物便得出不同的结论，这些结论便是各执一词的偏见。也许人们会说自己是站在客观的角度去认识世界的，但无可争议的是任何个体始终只能从自身狭小的角度来观察世界。当然人的思维世界是非常广阔的，什么样的问题都可以进入人的意识世界。但我们同时又不得不承认，由于受前人狭窄思维的羁绊，大多数人的思维往往只能停留在一个无形的方框里。

（二）特点

1. 客观性

偏见既不代表谬论也不代表真理，它只是构成和谐世界不可缺少的有机体。如果我们否认偏见的存在，就只能造成更大的偏见。

当我们从世界大角度去认识偏见时，我们将认识到，哪怕在个体内部，各种相互矛盾的偏见也是广泛存在的。我们不能听某个人说一句话，或读其某一篇文章，便知其价值取向。每一个人一时的言行只能代表其一时的偏见，而不代表其整体价值取向。而且在个体内部也存在着相互矛盾的多元偏见，我们常常看到一些人在不同时期的价值取向存在着很大的矛盾性，就算是那些可以称作圣贤的人，我们读其著作时也会发现有很多相互矛盾的偏见。无论是内部还是外部，偏见都广泛客观存在。

2. 合理性

任何一种偏见的存在都有其自身的合理性，所以对任何一种偏见做完全的否认都是不合适的，我们想要朝真理靠近，就得容许各种偏见存在。

偏见不可避免，但并不是说我们要任由偏见发展下去，而是要尽可能从多角度去认识事物，拓展思维的广度，将偏见降低到最小的限度。任何偏见的存在都有其可推论的理论支持，这就是常常有人把某种偏见当作绝对真理的原因。实际上，狭义上的绝对真理是不存在的，如果谁要说自己掌握了绝对的真理，那只能证明他自己的无知。由于任何一种偏见的存在都有其自身的合理性，所以，对任何一种偏见做完全的否认都是不合适的。如果我们想要朝真理靠近，那就得容许各种偏见做公平的竞争。

（三）类型

1. 被经验淹死的驴——经验偏见

先看驴子的故事。一头驴子背盐渡河，在河边滑了一跤，跌倒在水里，背上的盐溶化了。驴子站起来时，感到身体轻松了许多。驴子非常高兴，获得了经验。后来有一回，它背了棉花，以为再跌倒，可以同上次一样轻松许多，于是走到河边的时候，便故意跌倒在水中。可是棉花吸满了水，驴子非但不能再站起来，反而一直向下沉，直到被淹死。

再看卖草帽的故事。从前，有个卖草帽的人，他每天都很努力地卖着帽子。有一天，他叫卖得十分疲累，刚好路边有一棵大树，他就把帽子放在旁边，坐在树下打起盹来，等他醒来时，发现身旁的帽子都不见了，抬头一看，树上有很多猴子，而每只猴子的头上都有一顶草帽。他十分惊慌，因为，如果帽子不见了，他将无法养家糊口。突然，他想到猴子喜欢模仿人的动作，他就试着举起左手，果然猴子也跟着他举起左手；他拍拍手，猴子也跟着拍拍手。他想，机会来了，于是他赶紧把头上的帽子拿下来，丢在地上。猴子也学着他，将帽子纷纷扔在地上。卖帽子的高高兴兴地捡起帽子，回家去了。回家之后，他将这件奇特的事，告诉了他的儿子和孙子。

很多年后，他的孙子继承了家业。有一天，在他卖草帽的途中，也跟爷爷一样，在大树下睡着了，而帽子也同样被猴子拿走了。孙子想到爷爷曾经告诉他的方法。于是，他举起左手，猴子也跟着举起左手；他拍拍手，猴子也跟着拍拍手。果然，爷爷说的话很管用。最后，他摘下帽子丢在地上。可是，奇怪了，猴子竟然没有跟着他做，还是瞪着眼看他，看个不停。不久之后，猴王出现了，把孙子丢在地上的帽子捡起来，还很用力地对着孙子的后脑勺打了一巴掌，说："开什么玩笑！你以为只有你有爷爷吗？"

驴子为何死于非命？孙子为何不能像爷爷当年那样要回被猴子拿走的帽子？很重要的一个原因是他们都机械地套用了经验，受了经验偏见思维的影响，却未能对经验进行改造和创新。

人们总是跳不出经验的束缚，它甚至让一切最大胆的幻想都打上了个人经验的偏见，就像作家贾平凹所津津乐道的某一个农民的最高理想："我当了国王，全村的粪一点也不给别人拾，全是我的。"

德波诺在《实用思维》一书中饶有兴趣地描述了一种常见的社会现象："在僻静的乡村，村里最漂亮的姑娘会被村民当作世界上最美的人，在看到更漂亮的姑娘之前，村里的人难以想象出还有比她更美的人。"在村里，这种社会现象是真理；在全世界，它就是偏见。

2. 鸡眼思维——利益偏见

所谓"利益偏见"，不是指你的利益关系会导致你的理论出现有意识的明显偏颇，而是指一种无意识的偏斜——对公正的微妙偏离。

利益偏见更普遍的情况则是所谓"鸡眼思维"，也就是马克思所说的"愚蠢庸俗、斤斤计较、贪图私利的人总是看到自以为吃亏的事情"。譬如，一个毫无修养的粗人，常常只是因为一个过路人踩了他的鸡眼，就把这个人看作世界上最可恶和最卑鄙的坏蛋。他把自己的鸡眼当作评价人们行为的标准。

然而推而广之，普通人难道没有偏见吗？一些普通人的话语背后难道就没有值得思考的地方吗？事实上，大多数的恋人认为自己找到了世上最好的人，大多数孩子也会得出结论，说自己的父母是世界上最好的父母。所谓"王婆卖瓜自卖自夸"，其实就是一种典型的利益偏见思维模式。

3. 不识庐山真面目——位置偏见

有一则故事，讲的是小海浪与大海浪的对话。

小海浪："我常听人说起海，可是海是什么？它在哪里？"

大海浪："你周围就是海啊！"

小海浪："可是我看不到啊！"

大海浪："海在你里面，也在你外面；你生于海，终归于海。海包围着你，就像你自己的身体。"

尼克松总统因水门事件被黜后，跌至人生谷底，这时他才得以悟出"最美的风景不是登上峰顶所看到的，而是下到谷底抬头所体会到的"这句话的真谛。这与哈维尔在历经磨难后所得出的结论是一样的："为了在白天观察星辰，我们必须下到井底；为了了解真理，我们必须沉降到痛苦的底层。"这就叫"思不出其位"。

每个人都生活在一定的社会坐标体系中，各种思想无不打上其鲜明的烙印，连黑格尔也不忘说："同一句格言，出自青年人之口与出自老年人是不同的，对一个老年人来说，也许是他一辈子辛酸经验的总结。"站在什么样的年龄位置，就会有什么样的感情。这与站在什么样的物理位置，就会得出什么样的认知是一样的。

在一些企业里，老板总抱怨员工出工不出力、"磨洋工"，员工总抱怨老板发的钱太少、心太黑。这其实就是各自所处位置不同，才导致双方无法弥合彼此的思维差距。

4. "情人眼里出西施"——文化偏见

著名华裔人类学家许烺光（曾任美国人类协会主席）在《美国人与中国人》一书中十分严肃地举了一个例子："在一部中国电影中，一对青年夫妇发生了争吵，妻子提着衣箱怒冲冲地跑出公寓。这时，镜头中出现了住在楼下的婆婆，她出来安慰儿子：'你不会孤独的，孩子，有我在这儿呢。'看到这儿，美国观众爆发出一阵哄笑，中国观众却很少会因此发笑。"

这两种截然不同的反应透出的文化差异是十分明显的，在美国人的观念中，婚姻是两个人的私事，其间的性关系是任何别的感情所无法替代的。而中国观众却能恰当地理解母亲话中的含义。这正如一些美国留学生在读了《红楼梦》后，总是不解地问中国教授："为什么宝玉和黛玉不偷些金银财宝，然后私奔呢？"中国教授知道这不是一个工具性问题，很难用一两句话解释得清。

所有人都受到自己所在地域、国家、民族长期积淀文化的影响，看待问题的角度不可避免地打上文化、宗教、习俗的烙印。这就是一些美国人不理解中国人对台湾的坚定态度，同样，一些中国人对美国为什么老是抓住人权不放而感到不可思议。

5. 以偏概全——点状思维

在白纸上画一个黑点，然后问：你看到了什么？

答案至少有一百种：芝麻、苍蝇、图钉、太阳的黑子、污渍……这些都是常规的联想，有些人的思维就更活跃一些，他可能会回答：我看到了缺点……我看到了遗憾……我看到了损失……

但是，为什么就没有想到其他的？

为什么你的眼睛仅仅盯住那个黑点？而没有看到黑点旁边那一大片白纸？而正是这个黑点束缚和禁锢了我们的思维，使我们看不到其余更多的、更好的、更丰富的东西。某些人一件事情没有办好，就垂头丧气，认为："我真没用，我真窝囊，我是天底下最愚蠢的人。"透过别人不经意的一句话或一件事就给这个人下定义——"他品质有问题"。其实，更重要的是我们要关注广阔的存在，而不是那个黑点。

6. 固执己见——刻板印象

曾经在某一网站看到这样一个笑话：如果你的前面是一位发怒的重庆女孩，后面是万丈深渊，那么，奉劝你还是往后跳吧！这个笑话不能说没有一点道理，重庆女孩的泼辣，可以说是"声名远播"，因此，一提到重庆女孩，首先浮上脑海的就是"泼辣"二字，丝毫不顾其中是否有被冤枉的"例外"，这就是所谓"刻板印象"。

刻板印象是指人们对某一类人或事物产生的比较固定、笼统的看法，是我们在认识他人时经常出现的一种相当普遍的现象。我们经常听人说的"长沙妹子不可交，面如桃花心似刀"，东北姑娘"宁可饿着，也要靓着"，实际上都是"刻板印象"。

刻板印象的形成，主要是由于我们在人际交往过程中，没有时间和精力去和某个群体中的每个成员都进行深入的交往，而只能与其中的一部分成员交往。因此，我们只能"由部分推知全部"，由我们所接触到的部分，去推知这个群体的"全部"。刻板印象固然有省时省力的好处，但不少情况下会使人做出耽误大事的错误判断。

7. 霍布森选择——封闭思维

300多年前，在英国伦敦的郊区，有一个人叫霍布森。他养了很多马，高马、矮马、花马、白马、肥马、瘦马都有。他对来的人说："你们挑我的马吧，可以选大的、小的、肥的、瘦的，可以租马，也可以买马，你们都可以选呢。"人家非常高兴去选东西了，但是整个马圈旁边只有一个很小的洞，很小的门，你选大的马出不来，马圈门很小。

后来，西蒙（曾获得诺贝尔奖）就把这种现象叫作"霍布森选择"。就是说，你的思维、你的境界只有这么大，没有打开，层次不够，思维封闭，结果就是你别无选择。

在变幻莫测、充满竞争的市场经济中，企业家因思维定式所付出的代价异常惨重。1913年，美国著名企业家亨利·福特（Henry Ford）受屠宰流水作业的启发，设计了汽车装配流水线，能够标准化零部件和高架供应线，大批量生产统一规格的黑色T型车。这一在福特脑中酝酿了整整10年的创新思维，诞生了管理史上著名的“福特制”。

他开创了一个新的工业生产技术时代，也使福特成为一度占有68%世界汽车市场份额的“汽车大王”。但是，福特在陶醉于其创新思维所取得的巨大成就时，也在大脑中埋下了“思维定式”的种子，他居然宣称，福特公司从此以后只生产黑色的T型车。

当美国汽车市场渐趋饱和，早期购车人需要更新车辆，对汽车的档次、性能、外观有了更高要求时，福特的“思维定式”便使他吃尽苦头。

美国另一著名企业家、通用汽车公司总裁斯隆（Sloan）看到福特公司产品单一、款式陈旧这一致命弱点，设计制造出不同价格档次的汽车，并且首创了“分期付款、旧车折旧、年年换代、密封车身”的汽车生产四原则，一举击败福特，登上了世界第一汽车制造企业的宝座。斯隆的创新思维击败了福特由创新思维退化而来的定势思维。可见冲破传统思维的枷锁，始终坚持思维创新，对一个企业起着至关重要的作用。

能够把人限制住的，只有人自己。人的思维空间是无限的，像曲别针一样，至少有亿万种可能的变化。也许我们正被困在一个看似走投无路的境地，也许我们正囿于两难选择之时，这时一定要明白，这种境遇只是我们的定势思维和偏见思维所致，只要勇于重新考虑，就一定能够找到不止一条摆脱困境的出路。

案例8：创新思维就在解决实际问题中

创新思维是每个人都有的，但的确不是每个人都善于运用的，因为我们没有将脑海里闪现的创新思维深入开发、运用在我们的生活中，解决实际问题。

有人说，创新行为是一种偶然行为。不可否认，创新有其偶然性，但更多的创新实践者在创新过程中是能够意识到他们的行为意义与价值的。也就是说，他们知道自己是在创新，而且，他们有创新的欲望，创新思维已经深入他们的头脑，成为他们的一种意念。

2002年2月，时值春节，蒙牛液体奶事业本部总经理杨文俊在深圳沃尔玛超市购物时，发现人们购买整箱牛奶时搬运起来非常困难。由于当时是购物高峰，很多汽车无法开进超市的停车场，而商场停车管理员又不允许将购物车推出停车场，消费者只有来回好几次才能将购买的牛奶及其他商品全部搬上车，这一细节引起了杨文俊的重视。

此后，杨文俊就不断思考这件事情，想着怎么样才能方便搬运整箱的牛奶。

一次偶然的机会，杨文俊购买了一台VCD，往家拎时，拎出了灵感。

一台VCD比一箱牛奶要轻，厂家都能想到在箱子上装一个提手，我们为什么不能在牛奶包装箱上也装一个提手，使消费者在购物时更加便利呢？

这一想法在会上一经提出，就得到了大家的认同，并马上实施。

这个创意使当年的蒙牛液体奶销售量大幅增长，同行也纷纷效仿。

现在看来，这一创意很简单。可为什么杨文俊能够提出来，而其他人却提不出来呢？原因就在于是否有创新的意识，能否做到“整天想着去发现”。

我们常说“心想事成”，而“心想”是前提。如果没有“心想”的意念，自然不会产生“事成”的结果。创新思维的开启同样始于创新的意念。有了创新的意念，才能将创新更好地付诸行动。创新思维也是可以培养的，只要拥有创新的意念，整天想着去发现，创新的念头和思路就会源源不断地涌现出来。

第二节　开启创新思维

现代社会迫切需要创新思维能力强、思路开阔、积极进取的创新人才，创新驱动发展已成为国家重大战略目标，大学生是创新发展当仁不让的生力军，掌握创新思维的含义、特点等，可以有效突破思维障碍，重构创新思维。

一、创新思维概述

（一）含义

创新思维，是指展开想象，以新颖独创的方法解决问题的思维过程，通过这种思维能突破常规思维的界限，探索多种解决问题的新方案或新途径，是灵活运用多种思维方式的过程，是多种思维方法的综合、交替运用。

创新思维的本质在于将创新意识的感性愿望提升到理性的探索上，实现创新活动由感性认识到理性思考的飞跃。

（二）特点

1. 独创性

思维不受传统习惯和先例的禁锢，超出常规。在学习过程中对所学定义、定理、公式、法则、解题思路、解题方法、解题策略等提出自己的观点、想法，提出科学的怀疑、合情合理的“挑剔”。

2. 求异性

思维标新立异，“异想天开”，出奇制胜。在学习过程中，对一些知识领域中长期以来形成的思想、方法，不信奉，特别是在解题上不满足于一种求解方法，谋求一题多解。

3. 联想性

面临某一种情境时，思维可立即向纵深方向发展；觉察某一现象后，思维立即设想它的反面。这实质上是一种由此及彼、由表及里、举一反三、融会贯通的思维连贯性和发散性。

4. 灵活性

思维突破“定向”“系统”“规范”“模式”的束缚。在学习过程中，不拘泥于书本所学的、老师所教的，遇到具体问题灵活多变，活学活用活化。

5. 综合性

思维调节局部与整体、直接与间接、简易与复杂的关系，在诸多的信息中进行概括、整理，把抽象内容具体化，繁杂内容简单化，从中提炼出较系统的经验，以理解和熟练掌握所学定理、公式、法则及有关解题策略。

二、形象思维

（一）概念

形象思维是用直观形象和表象解决问题的思维，是人的一种本能思维，人一出生就无师自通地以形象思维方式考虑问题。与形象思维相对的是逻辑思维，是指一般性的认识过程，偏重理性的理解，而不多用感受或体验。

形象思维内在的逻辑机制，是形象观念间的类属关系。抽象思维是以一般的属性表现个别的事物，而形象思维则要通过独具个性的特殊形象表现事物的本质。因此，形象观念作为形象思维的逻辑起点，其内涵就是蕴含在具体形象中某类事物的本质。

（二）特点

1. 形象性

形象性是形象思维最基本的特点。形象思维所反映对象是事物的形象，思维形式是意象、直感、想象等形象性的观念，其表达的工具和手段是能为感官所感知的图形、图像、图式和形象性的符号。形象思维的形象性使它具有生动性、直观性和整体性的优点。

2. 粗略性

形象思维对问题的反映是粗线条的反映，对问题的把握是大体上的把握，对问题的分析是定性的或半定量的。因此，形象思维通常用于问题的定性分析。因为抽象思维可以给出精确的数量关系，所以在实际的思维活动中，往往需要将抽象思维与形象思维巧妙结合，协同使用。

3. 想象性

想象是思维主体运用已有的形象形成新形象的过程。形象思维并不满足于对已有形象的再现，它更致力于追求对已有形象的加工，而获得新形象产品的输出。所以，想象性使形象思维具有创造性的优点。这也说明了一个道理：富有创造力的人通常都具有极强的想象力。

（三）方法

1. 模仿法

模仿法是指以某种模仿原型为参照物，在此基础之上加以变化产生新事物的方法。很多发明创造都建立在对前人或自然界的模仿基础上，如模仿鸟发明了飞机，模仿鱼发明了潜水艇，模仿蝙蝠发明了雷达。

2. 想象法

想象法是指在脑中抛开某事物的实际情况，而构成深刻反映该事物本质简单化、理想化的形象。直接想象是现代科学研究中广泛运用的进行思想实验的主要手段。

3. 组合法

组合法是指从两种或两种以上事物或产品中抽取合适的要素重新组合，构成新事物或新产品的创造技法。常见的组合技法有同物组合、异物组合、主体附加组合、重组组合四种。

4. 移植法

移植法是指将一个领域中的原理、方法、结构、材料、用途等移植到另一个领域中去，从而产生新事物的方法。主要有原理移植、方法移植、功能移植、结构移植等类型。

案例9：科学家的想象

爱因斯坦著名的广义相对论的创立实际上就是起源于一个自由的想象。一天，爱因斯坦正坐在伯尔尼专利局的椅子上，突然想到，如果一个人自由下落，他是会感觉不到自己体重的。爱因斯坦说，这个简单的理想实验“对我影响至深，竟把我引向引力理论”。

案例10：旱冰鞋的诞生

英国有个叫吉姆的小职员，成天坐在办公室里抄写东西，常常累得腰酸背痛。他消除疲劳的最好办法，就是在工作之余去滑冰。冬季很容易就能在室外找个滑冰的地方，而在其他季节，吉姆就没有机会滑冰了。怎样才能在其他季节也能像冬季那样滑冰呢？对滑冰情有独钟的吉姆一直在思考这个问题。想来想去，他想到了脚上穿的鞋和能滑行的轮子。吉姆在脑海里把这两样东西的形象组合在一起，想象出了一种“能滑行的鞋”。经过反复设计和试验，他终于制成了四季都能用的“旱冰鞋”。组合想象思考法就是指从头脑中某些客观存在的事物形象中，分别抽出它们的一些组成部分或因素，根据需要做一定改变后，再将这些抽取出的部分或因素，构成具有自己的结构、性质、功能与特征的能独立存在的特定事物形象。

三、联想思维

（一）概念

联想思维是指人脑记忆表象系统中，由某种情况而导致不同表象之间发生联系的一种思维活动。它是打开沉睡在头脑深处记忆的最简便和最适宜的钥匙，是由此想到彼，并同时发现了它们共同或类似规律的思维方式。

（二）类型

联想思维具有启迪性、支配性、逻辑性和扩展性。通常可以分为以下五种类型。

1. 接近联想

时间或空间上的接近都可以引起不同事物之间的联想。如门捷列夫制定元素周期表从而推断出未知元素的位置；卢瑟福研究原子核时提出质量与质子相同的中性粒子的存在等。诗歌中描述因时空接近而引起联想的佳句有很多，例如，“春江潮水连海平，海上明月共潮生。滟滟随波千万里，何处春江无月明”。春江、潮水、大海与明月（既相远又相近）等联系在一起。

2. 相似联想

由外形或性质上的、意义上的相似而引起的联想，都是相似联想。“春蚕到死丝方尽，蜡炬成灰泪始干”，“床前明月光，疑是地上霜”，等等。

3. 对比联想

由事物间完全对立或存在某种差异而引起的联想，就是对比联想。即具有相反特征事物或相互对立事物间所形成的联想。文学艺术的反衬手法，就是对比联想的具体运用。比如，描写岳飞和秦桧的诗句“青山有幸埋忠骨，白铁无辜铸佞臣”。

4. 因果联想

由于两个事物存在因果关系而引起的联想，就是因果联想。这种联想往往是双向的，可以由因想到果，也可以由果想到因。

5. 类比联想

类比联想是由某一事物引起人脑中与它有某种类似的另一事物的联想。其特点是以大量联想为基础，以不同事物间的相同点为纽带。

（三）方法

1. 类比法

类比法是把陌生的对象与熟悉的对象、把未知的东西与已知的东西进行比较，从中获得启发而解决问题的方法。

类比法的实施分为直接类比、仿生类比、因果类比、对称类比。

直接类比：根据原型的启发，直接将一类事物的现象或规律用到另一类事物上。如日本在扣子上戳个小洞注入香水，成为“香扣子”。

仿生类比：根据气步甲虫（当它遇敌时会喷出一种液体“炮弹”），德国科学家研制了世界上最先进的二元化学武器；根据狗鼻子的灵敏性，人们发明了“电子警狗”，灵敏度达到狗的1000倍。

因果类比：根据某一个事物的因果关系推出另一个事物的因果关系，而产生新成果。例如，美国一位教授根据放浴池里水流旋向的研究，推断出台风旋向的结论。

对称类比：这是利用对称关系进行类比而产生新成果的类比方法。例如，原来化妆品都是女人的专用，根据对称类比，男士化妆品应运而生了。

2. 移植法

移植法是指把某一事物的原理、结构、方法、材料等转到当前研究对象中，从而产生新成果的方法。

移植法分为原理移植、结构移植、方法移植、材料移植。

原理移植：将某种科学技术原理转用到新的研究领域。如根据贺卡的音乐播放功能，台湾一位业余发明家将其移植到汽车倒车提示器上，即“倒车请注意”。

结构移植：将某事物的结构形式和结构特征转用到另一个事物上，以产生新的事物。如拉链，某公司为有口蹄疫疫情地区的动物做了数双短筒拉链靴；美国将拉链移植到外科手术的缝合上。

方法移植：将新方法转用到新情景中，以产生新成果。如香港一集团的老总，根据参观荷兰的“小人国”——荷兰风光的缩影，建成了“锦绣中华园”，年收入1000万元。

材料移植：亚硫酸锌具有白天能吸收光线、夜间发光的特性，有人用它制造电器开关、夜光工艺品、夜光航标灯、夜光门牌等。

案例11：小马水果店

海口经济学院2008级的小马同学在酒店实习的时候，看到客人经常点果盘，而不是水果，遂想到校园中只有水果店，却没有切好的果盘。于是她开了小马水果店，在校园中为购买水果的客人提供切盘服务，小小的改进，使她的小店生意兴隆，广受好评。

案例12：微波炉的发明

美国工程师斯宾塞在做雷达起震实验时，发现口袋里的巧克力融化了，原来是雷达电波造成的。由此，他联想到电波可以用来加热食物，进而发明了微波炉。

四、逆向思维

（一）概念

逆向思维是一种比较特殊的思维方式，它的思维取向总是与常人的思维取向相反，比如，人弃我取、人进我退、人动我静、人刚我柔等。这个世界上不存在绝对的逆向思维模式，当一种公认的逆向思维模式被大多数人掌握并应用时，它也就变成了正向思维模式。

逆向思维不是主张人们在进行思考时违逆常规，不受限制地胡思乱想，而是训练一种小概率思维模式，即在思维活动中关注小概率可能性的思维。

逆向思维是发现问题、分析问题和解决问题的重要手段，有助于打破思维定式的局限性，是决策思维的重要方式。

（二）特点

1. 反向性

反向性是逆向思维的重要特点，也是逆向思维的出发点，逆向思维离开了它也就不存在了。

2. 异常性

逆向思维总是采取特殊的方式解决问题，这是它的异常性。

3. 悖论

反向性和异常性的存在，使逆向思维在实践中常给人以悖论的感觉。牛顿的物理学、爱因斯坦的相对论以及量子力学等，都包含了对立物共存和互相作用的逆向思维观念。

（三）类型

1. 反向思维

通常对普遍接受的信念或做法进行质疑，然后看它的反面是什么。如果对立面是有道理的，那么就朝对立面方向发展。

如遇以下情况，可以进行反向思维：一是考虑要做某种相反的事情；二是考虑用其对立面来取某物；三是如果意识到别人是错的，而你是正确的，但你仍然认为对方错误的观点中也有值得肯定的地方。

2. 雅努斯式思维

在人的大脑里构想或引入事物的正反两个方面，并使它们同时存在于大脑里，考虑它们之间的关系，如相似之处、正与反、相互作用等，然后创造出新事物。这种双面思维相当艰难，因为它要求保持两个对立面并存在于你的大脑中，是一种大脑技能。

3. 黑格尔式思维

采取一种观念，容纳它的反面，然后试着把二者融合成第三种观念，即变成一种独立的新观念。这种辩证的过程需要三个连续的步骤：正题、反题以及合题。

（四）方法

1. 怀疑法

怀疑法是指有一种敢于怀疑的精神，打破习惯，反过来想一下，这种精神越强烈越好。习惯性做法并不总是对的，对一切事物都抱有怀疑之心是逆向思维所需要的。

2. 对立互补法

对立互补法以把握思维对象的对立统一为目标。要求人们在处理问题时既要看到事物之间的差异，也要看到事物之间因差异的存在而带来的互补性。

3. 悖论法

悖论法就是对一个概念、一个假设或一种学说，积极主动地从正反两方面进行思考，以求找出其中的悖论之处。

4. 批判法

批判法是指对言论与行为进行分辨、评断、剖析，以见正理。以批判法进行逆向思维，仍然需要以一般性的思维技能为基础，如比较、分类、分析、综合、抽象和概括等。

5. 反事实法

反事实法是指在心理上对已经发生的事件进行否定，反事实思考。

案例13：有勇有谋的小八路

在抗日期间，敌人不让村里的任何人出去。正巧村里有一个重要的情报要报告给在村外的八路军。小八路在黄昏时悄悄地来到了村口小桥旁边的芦苇地，认真地观察小桥上发生的一切。他注意到凡是有村外的人来，他们总是直接将其赶出村。等守在桥上的敌人打起了瞌睡，小八路悄悄接近并上了小桥，就在敌人醒来抬头发话之前他转身向村里走。敌人把小八路赶出了村，于是小八路顺利把情报送了出去。

案例14：时装店的老裁缝

某时装店的老裁缝不小心将一条高档裙子烧破了一个洞。如果用织补法补救，也只是蒙混过关，欺骗顾客。这位老裁缝突发奇想，干脆在小洞的周围又挖了许多小洞，并精心修饰后将其命名为“凤尾裙”。一下子，“凤尾裙”销量大增，同时，该时装店也出名了。

案例 15：电影院的经理

有一家电影院，常有戴帽子的妇女去看电影。高高的帽子挡住了后面观众的视线。有人投诉给电影院的经理，要求发个场内禁止戴帽子的通告。经理摇摇头说：“这不太妥当，只有允许她们戴帽子才行。”第二天，影片放映之前，银幕上映出了一则通告：“本院为了照顾衰老有病的女客，可允许她们照常戴帽子，在放映电影时不必摘下。”通告一出，妇女们纷纷摘下了帽子。

案例 16：吸尘器的诞生

1901 年，伦敦举行了一次“吹尘器”表演。吹尘器以强有力的气流将灰尘吹起，然后收入容器中。而一位设计师却想可不可以反过来将“吹尘”改为“吸尘”呢？根据这个设想，他研制出了吸尘器。

五、发散思维

（一）概念

发散思维是指大脑在思考时呈现的一种扩散状态的思维模式，这种模式比较常见，它表现为思维视野广阔，思维呈现多维发散状。

发散思维又称“辐射思维”“放射思维”“扩散思维”“求异思维”。

（二）特点

1. 流畅性

流畅性就是观念的自由发挥，指在尽可能短的时间内，生成并表达出尽可能多的思维观念，以及较快地适应、消化新的思想观念。流畅性与机智密切相关。

流畅性反映的是发散思维的速度和数量特征。

2. 变通性

变通性就是克服人们头脑中某种自己设置的僵化的思维框架，按照某一新的方向来思索问题的过程。

变通性需要借助横向类比、跨域转化、触类旁通等方法，使发散思维沿着不同的方面和方向扩散，表现出极其丰富的多样性和多面性。

3. 独特性

独特性是指人们在发散思维中做出不同寻常且异于他人的新奇反应能力。独特性是发散思维的最高目标。

4. 多感官性

发散思维不仅运用视觉思维和听觉思维，还充分利用其他感官接收信息并进行加工。发散思维还与情感有密切关系。如果思维者能够想办法激发兴趣，产生激情，把信息情绪化，赋予信息以感情色彩，就会提高发散思维的速度与效果。

（三）方法

1. 一般方法

材料发散法——以某个物品为“材料”，以其为发散点，设想它的多种用途。

功能发散法——以某事物的功能为发散点，构想出获得该功能的各种可能性。

结构发散法——以某事物的结构为发散点，设想出利用该结构的各种可能性。

形态发散法——以事物的形态为发散点，设想出利用该形态的各种可能性。

组合发散法——以某事物为发散点，尽可能多地把它与别的事物进行组合，形成新事物。

方法发散法——以某种方法为发散点，设想出利用该方法的各种可能性。

因果发散法——以某个事物发展的结果为发散点，推测出造成该结果的各种原因，或者由原因推测出可能产生的各种结果。

2. 假设推测法

假设的问题，不论是任意选取的，还是有所限定的，涉及的都应当是与事实相反的情况，是暂时不可能的或是现实不存在的事物对象和状态。

由假设推测法得出的观念，可能大多是不切实际的、荒谬的、不可行的，但这并不重要，重要的是有些观念在经过转换后，可以成为合理的、有用的思想。

3. 集体发散思维

发散思维不仅需要利用我们自己的大脑，有时候还需要利用我们身边的无限资源，集思广益。集体发散思维可以采取不同的形式，比如，我们常常戏称的“诸葛亮会”。

案例17：司马光的脑洞大开

有一次，司马光跟小伙伴们在后院里玩耍。院子里有一口大水缸，有个小孩爬到缸沿上玩，一不小心，掉到缸里。缸大水深，眼看那孩子快要没顶了。别的孩子一见出了事，吓得边哭边喊，跑到外面向大人求救。司马光急中生智，从地上捡起一块大石头，使劲向水缸砸去，“砰！”水缸破了，缸里的水流了出来，被淹在水里的小孩也得救了。这就是流传至今的《司马光砸缸》的故事。小小的司马光遇事沉着冷静，从小就是一副小大人模样。这件偶然的事件使小司马光出了名，东京和洛阳有人把这件事画成图画，广泛流传。

案例18：曲别针的用途与创新

在一次有许多中外学者参加的关于开发创造力的研讨会上，来自日本的一位创造力研究专家应邀出席这次研讨活动。

面对这些创造思维能力很强的学者同人，风度潇洒的村上幸雄先生捧来一把曲别针（回形针），说道：“请诸位朋友，动一动脑筋，打破框框，看谁能说出这些曲别针的多种用途，看谁创造性思维开发得好、多而奇特！”

片刻，一些代表踊跃回答：

“曲别针可以别相片，可以用来夹稿件、讲义。”

“纽扣掉了，可以用曲别针临时钩起……”

七嘴八舌，说了十几分钟，其中较奇特的是把曲别针磨成鱼钩，引来一阵笑声。

村上对大家能在不长时间讲出20多种曲别针用途，赞叹不已。

人们问：“村上您能讲多少种？”

村上一笑，伸出3根指头。

“30种？”村上摇头。

“300种？”村上点头。

人们惊异，不由佩服这人聪慧敏捷的思维。但也有人怀疑。村上紧了紧领带，扫视了一眼台下那些透着不信任神情的眼睛，用幻灯片映出了曲别针的用途……这时只见中国的一位以“思维魔王”著称的怪才许国泰先生向台上递了一张纸条：对于曲别针用途，我能说出三千种、三万种！

邻座对他侧目：“吹牛不罚款，真狂！”

第二天上午11点，许国泰先生“揭榜应战”，走上了讲台，他拿着一支粉笔，在黑板上写了一行字：村上幸雄曲别针用途求解。

原先不以为然的听众一下子被吸引了过来。

“昨天，大家和村上讲的用途可用四个字概括，就是钩、挂、别、联。要启发思路，使思维突破这种格局，最好的办法是借助于简单的形式思维工具——信息标与信息反应场。”

许国泰先生把曲别针的总体信息分解成重量、体积、长度、截面、弹性、直线、银白色等10多个要素。再把这些要素用根标线连接起来，形成一根信息标。然后，再把与曲别针有关的人类实践活动要素分析连成信息标，最后形成信息反应场。这时，现代思维之光，射入了这枚平常的曲别针，马上变成了孙悟空手中神奇变幻的金箍棒。他从容地将信息反应场的坐标，不停地组切交合。

通过两轴推出一系列曲别针在数学中的用途，如曲别针分别做成1、2、3、4、5、6、7、8、9、0，再做成“+、-、×、÷”的符号，用来进行四则运算，运算出数量，就有1000万、10000万……曲别针在音乐上可创作曲谱；曲别针可做成英、俄、希腊等外文字母，用来进行拼读；曲别针可以与硫酸反应生成氢气；曲别针可以做成指南针；串起来导电。曲别针是铁元素，分别化合生成的化合物则是成千上万种……实际上，曲别针的用途，近于无穷！他在台上讲着，台下一片寂静。与会的人们被“思维魔王”深深地吸引着。

本案例是对发散思维基本方法的具体分析与综合运用，这种新的发散思维能够打破原有的思维格局，特别是可以为创造者提供一种全新的思考方式。（资料来源：http：//sdcbj.blog.163.com/blog/static/176963034201132245127590/）

六、系统思维

（一）含义

系统是一个概念，反映了人们对事物的一种认识论，即系统是由两个或两个以上元素相结合的有机整体，系统的整体不等于其局部的简单相加。这一概念揭示了客观世界的某种本质属性，有无限丰富的内涵和外延，其内容就是系统论或系统学。系统论作为一种普遍的方法论，是迄今为止人类所掌握的最高级思维模式。

系统思维是指以系统论为思维基本模式的思维形态，它不同于创造思维或形象思维等本能思维形态。系统思维能极大地简化人们对事物的认知，给我们带来整体观。

按照历史时期划分，可以把系统思维方式的演变，区分为四个不同的发展阶段：古代整体系统思维方式、近代机械系统思维方式、辩证系统思维方式、现代复杂系统思维方式。

（二）方法

1. 整体法

整体法是在分析和处理问题的过程中，始终从整体层面进行考虑，把整体放在第一位，而不是让任何部分的东西凌驾于整体之上。

整体法要求把思考问题的方向对准全局和整体，从全局和整体出发。如果在应该运用整体思维进行思考时不用整体思维法，那么无论是在宏观层面还是在微观方面，都会受到损害。

2. 结构法

结构法是指在应用系统思维时，注意系统内部结构的合理性。系统由各部分组成，部分与部分之间组合是否合理，对系统有很大影响。这就是系统中的结构问题。

好的结构，是指组成系统的各部分之间组织合理，是有机的联系。

3. 要素法

每一个系统都由各种各样的因素构成，其中，相对具有重要意义的因素称为“构成要素”。要使整个系统正常运转并发挥最好的作用或处于最佳状态，必须对各要素考察周全和充分，充分发挥各要素的作用。

4. 功能法

功能法是指为了使一个系统呈现最佳态势，从大局出发进行调整或是改变系统内部各部分的功能与作用。在此过程中，可能是使所有部分都向更好的方面改变，从而使系统状态更佳；也可能为了求得系统的全局利益，以降低系统某部分的功能为代价。

案例19：未系统思考成本的酒店

浙江一家四星级酒店在设计时为了节约成本，只安装了一部员工电梯，看起来省钱省空间，但在实际运行时，由于一部员工电梯运力有限，结果既十分不方便，又造成了人力成本的巨大浪费。

第三节 常用创新方法

创新方法是创新的捷径，是指创造学家收集大量成功的创造和创新的实例后，研究其获得成功的思路和过程，经过归纳、分析、总结，找出规律和方法，以供人们学习、借鉴和仿效。简言之，创新方法就是创造学家根据创新思维的发展规律而总结出来的一些原理、技巧和方法。

创新方法训练，可以启发人的创造性思维，提高人们创造力和创造成果的实现率。开启创新思维后，还需充分掌握常用的创新方法，抛弃一切陈旧过时的东西，摆脱固定思维模式，才能更好地将创新思维熟练运用于实际工作中。

一、开发右脑

科学家发现，人的左脑主要从事逻辑性、条理性的思维；右脑主要从事形象思维，是创造力的源泉，是艺术和经验学习的中枢，右脑的存储量是左脑的100万倍。通过逻辑思维得出的结论永远没有直觉反应快。因此，开启创新思维应关注开发右脑。

（一）刺激指尖法

开发右脑，国外学者主张从儿童做起，如苏联著名教育家苏霍姆林斯基说："儿童的智力发展表现在手指尖上。"他将双手比喻为大脑的"老师"。人体的每一块肌肉在大脑皮层中都有着相应的"代表区"——神经中枢，其中，手指运动中枢在大脑皮层中所占区域最广泛。现在许多父母让孩子练习弹琴，实际上就是很好的指尖运动。随着双手的准确运动，就会把大脑皮层中相应的活力激发出来，尤其是左右手并弹钢琴、电子琴。

（二）借助外语开发右脑

美国神经外科近年发现：儿童学会两三种语言跟学会一种语言一样容易，因为当儿童只学会一种语言时，只需要用到大脑左半球，如果培养儿童同时学习几种语言，就会“启用”大脑右半球。

（三）体育活动法

体育活动法如每天跳上半小时的舞、健身操或者打乒乓球、羽毛球等，在打拳或做操时有意识地让左手、右手多重复几个动作，以刺激右脑。右脑在运动中随之而来的鲜明形象和细胞激发比静止时来得快，由于右脑的活动，使大脑左半球的活动受到某种抑制，人的思想或多或少地摆脱了现成的逻辑思维方法，灵感经常会脱颖而出。

（四）借助音乐的力量

心理学家发现：音乐可以开发右脑。所以父母可以让孩子学习音乐，还可以在孩子从事其他活动时，创造一个有音乐背景的环境。音乐由右脑感知，左脑并不因此而受到影响，仍可独立工作，使孩子在不知不觉中锻炼了右脑。

二、六顶思考帽

（一）含义

六顶思考帽是英国学者爱德华·德·博诺（Edward De Bono）博士开发的一种思维训练模式，是一个全面思考问题的模型，具体是指使用六种不同颜色的帽子，代表六种不同的思维模式。任何人都有能力使用以下六种基本思维模式。

白色思考帽：白色是中立而客观的。戴上白色思考帽，人们思考的是客观的事实和数据。

绿色思考帽：绿色代表茵茵芳草，象征勃勃生机。绿色思考帽寓意创造力和想象力，它具有创造性思考、头脑风暴、求异思维等功能。

黄色思考帽：黄色代表价值与肯定。戴上黄色思考帽，人们会从正面考虑问题，表达乐观的、满怀希望的、建设性的观点。

黑色思考帽：戴上黑色思考帽，人们可以运用否定、怀疑、质疑的方法，合乎逻辑地进行批判，尽情发表负面的意见，找出逻辑上的错误。

红色思考帽：红色是情感的色彩。戴上红色思考帽，人们可以表达自己的情绪，还可以表达直觉、感受、预感等方面的看法。

蓝色思考帽：蓝色思考帽负责控制和调节思维过程。它负责控制各种思考帽的使用顺序、规划和管理整个思考过程，并负责做出结论。

六顶思考帽法提供了“平行思维”的工具，避免将时间浪费在互相争执上。强调的是“能够成为什么”，而非“本身是什么”，是寻求一条向前发展的路，而不是争论谁对谁错。运用德·博诺的六顶思考帽，将会使混乱的思考变得更清晰，使团体中无意义的争论变成集思广益的创造，使每个人都变得富有创造性。

（二）应用

1. 说明

对六顶思考帽理解的最大误区，就是仅仅把思维分成六个不同的颜色，但其实对六顶思考帽的应用，关键在于使用者用何种方式去排列帽子的顺序，也就是组织思考的流程。只有掌握了如何编制思考的流程，才能说是真正掌握了六顶思考帽的应用方法，不然，往往会让人们感觉这个工具并不实用。而帽子顺序的编制，仅通过读书是难以达到理想效果的。

帽子顺序非常重要，六顶思考帽不仅定义了思维的不同类型，而且定义了思维的流程结构对思考结果的影响。一般情况下，人们认为六顶思考帽是一个团队进行协同思考的工具，然而事实上，六顶思考帽对个人应用同样拥有巨大的价值。

假设一个人需要考虑某一个任务计划，那么有两种状况是他最不愿面对的：一个是头脑之中一片空白，他不知道从何开始；另一个是他头脑混乱，过多的想法交织在一起，造成淤塞。六顶思考帽可以帮助他设计一个思考提纲，按照一定的次序思考下去。就这个思考工具的实践性而言，它会让大多数人感到头脑更加清晰，思维更加敏捷。

在团队应用当中，最大的应用情境是会议，这里特别指讨论性质的会议，因为这类会议是真正的思维和观点碰撞、对接的平台。我们在这类会议中难以达成一致的结论，往往不是因为某些外在的技巧不足，而是因为从根本上对他人观点的不认同。在这种情况下，六顶思考帽就成为特别有效的沟通框架。所有人都要在蓝色思考帽的指引下，按照框架的体系组织思考和发言，不仅可以有效避免冲突，而且可以就一个话题讨论得更加充分和透彻。因此，在会议中应用六顶思考帽，不仅可以压缩会议时间，还可以加强讨论的深度。

除此以外，六顶思考帽也可以作为书面沟通的框架，例如，用六顶思考帽的结构管理电子邮件，利用六顶思考帽的框架结构组织报告书、文件审核，等等。除了把六顶思考帽应用在工作和学习当中，在家庭生活当中使用六顶思考帽，也经常会取得某些特别的效果。

在多数团队中，团队成员被迫接受团队既定的思维模式，限制了个人和团队的配合度，不能有效解决某些问题。运用六顶思考帽模式，团队成员不再局限于某一单一思维模式，而且思考帽代表的是角色分类，是一种思考要求，而不是代表扮演者本人。六顶思考帽代表的六种思维角色，几乎涵盖了思维的整个过程，既可以有效地支持个人的行为，也可以支持团体讨论中的互相激发。

2. 应用流程

下面是六顶思考帽在会议中典型的应用步骤。

第一，陈述问题（白色思考帽）；

第二，提出解决问题的方案（绿色思考帽）；

第三，评估该方案的优点（黄色思考帽）；

第四，列举该方案的缺点（黑色思考帽）；

第五，对该方案进行直觉判断（红色思考帽）；

第六，总结陈述，做出决策（蓝色思考帽）。

3. 实际运用

绿色思考帽和蓝色思考帽是背道而驰的，因为绿色思考帽十分自由活跃，而且可以天马行空；蓝色思考帽却旨在控制和指引思考过程的方向。

（1）绿色思考帽

想象草地、树木、蔬菜和万物的生长。

绿色思考帽是“活跃的”帽子。

绿色思考帽是用来进行创造性思考的。事实上，绿色思考帽包含了“创造性”一词本身的含义。

第一，创造性思考意味着带来某种事物或者催生出某种事物，它与建设性思考相似。绿色思考帽关注的是建议和提议。

第二，创造性思考意味着新的创意、新的选择、新的解决方案、新的发明。这里的重点在于“新”。

白色思考帽罗列出信息，红色思考帽允许我们表达感觉，黑色思考帽和黄色思考帽处理逻辑判断。因此，轮到绿色思考帽展开实际行动，戴上绿色思考帽就必须提出建议。

当你被要求戴上绿色思考帽时，你就要提建议、出主意。这是一种积极主动地思考，而不是仅仅对事物做出被动反应。

绿色思考帽的五个主要用途如下。

第一，考察；

第二，提出建议；

第三，寻找其他的选择；

第四，提出新的创意；

第五，激发。

与黄色思考帽者和黑色思考帽者不同，戴绿色思考帽者不必为自己的建议或主意提供逻辑理由，只要提出主意以供进一步检验就足够了。

第一，考察。白色思考帽用可获得的信息考察情况；绿色思考帽则用主意、概念、建议和可能性考察情况。

第二，提出建议。绿色思考帽用来提出任何一种类型的提议和建议。这些建议并不非得是新的创意，它们可以是行动的建议，解决问题的方案，可能的决定，等等。戴上绿色思考帽，可以进行各种积极活跃的思考。当没有人知道该怎么办的时候，就该戴上绿色思考帽进行思考了。

第三，寻找其他的选择。如果已经给出了一个解释，或者已经讨论了行动的方案，那么这时可以要求大家戴上绿色思考帽，寻找进一步的解释和其他的选择，想想还可能有哪些解释？还能做哪些事情？在采取行动之前，绿色思考帽旨在为我们拓宽选择的范围。至于怎样对这些选择进行评估，那就是黄色思考帽和黑色思考帽的任务了。

第四，提出新的创意。有的时候，我们需要完全崭新的创意。当老的办法已经行不通，或者没有可行的办法解决问题时，就需要进行真正的创造性思考或水平思考了，这种思考正是绿色思考帽扮演的基本角色。如果你要求某个人戴上绿色思考帽对某件事进行思考，那么你就是在要求他超越既定范围，提出崭新的创意。你不能要求别人一定产生出创意，但至少可以要求别人做出尝试。应该有意识地运用本书后面介绍的水平思考技巧，以便产生出新的创意。

第五，激发。戴上绿色思考帽，我们可以提出各种试验性的主意，虽然我们不知道这些主意是否行之有效。

绿色思考帽的特征就是行动和活力。一个画家站在一张空白的画布面前，他最重要的事情就是开始行动。这个行动可能是勾画一张草图，或者是往画布上填充一些颜料。出现空白的时候，就是需要主意的时候，空白的状况需要绿色思考帽，因循守旧或停滞的状况也需要绿色思考帽。

（2）蓝色思考帽

想象蓝天。天空高高在上，如果你在天空飞翔，就可以俯瞰一切事物。戴上蓝色思考帽就意味着超越于思考过程：你正在俯瞰整个思考过程。蓝色思考帽是对思考的思考。

蓝色思考帽意味着对思考过程的回顾和总结，它控制着思考过程。蓝色思考帽就像是乐队的指挥一样。戴上其他五顶帽子，我们是对事物本身进行思考，但是戴上蓝色思考帽，我们则是对思考进行思考。

蓝色思考帽包含以下几点。

第一，我们现在到了哪里？我们现在进行到什么地方？问题焦点是什么？我们还要做什么？

第二，下一步是什么？我们下一步应该做什么（在我们的思考过程中）？

第三，思考的程序。

第四，总结。

第五，观察和评论。

戴上蓝色思考帽的人会从思考过程中退出来，以便监督和观察整个思考过程。

第一，我们现在到了哪里？我们现在进行到什么地方？问题焦点是什么？我们还要做什么？这些问题旨在明确我们此时此刻的思考是在做什么，我们是在漫无目的地闲逛呢？还是正在努力做什么呢？

第二，下一步是什么？我们下一步应该做什么（在我们的思考过程中）？蓝色思考帽者可能建议换上另外一顶帽子思考，或者做出总结，或者明确思考的焦点。当大家看起来都不知道下一步该做什么的时候，就有必要提出指导建议了。也许每个人对下一步该做什么有不同的意见，这时就需要做出决定。如果大家都清楚地认识到下一步该做什么，那就直接进入下一步。

第三，思考的程序。除了确定下一步该做什么，蓝色思考帽还可以用来设计整个思考过程的程序，即对不同的思考步骤做出日程安排或制定使用顺序。这通常是在会议开始时进行，但也可用于任一时刻。思考程序可以涵盖整个会议过程，也可以只用于一个项目或项目的一部分。在有些情况下，思考程序由六顶思考帽的使用顺序构成。

蓝色思考帽旨在正式地对待思考。就像电脑程序设计师为电脑设计程序一样，蓝色思考帽也为思考过程设立程序。

第四，总结。在思考过程中的任何时候，参与思考的成员都可以戴上蓝色思考帽并要求做出总结。

“我们现在进行到哪里了？我们走得有多远？我们能总结一下吗？”

这个总结可能给大家带来一种成就感，也可能会显示出，到目前为止大家的思考仍毫无成果。总结还有助于澄清各个不同的看法。

第五，观察和评论。戴蓝色思考帽者超越了思考过程，并俯瞰着所发生的一切。因此，戴蓝色思考帽者负责观察和评论。

“看来到目前为止，我们一直在为会议的目标争论不休。”

“我们本来是要考虑好几个方案的，可现在只讨论了一个方案。”

蓝色思考帽的功能是使思考者清楚地认识到自己的思考行为，认清自己的思考行为是否有效。

蓝色思考帽的错误用法如下。

在实践中，其实有很多人已经在运用蓝色思考帽，只不过他们不直接这么说罢了。但是，明确地把它说出来会更有效。应该避免滥用蓝色思考帽，如果每隔几分钟就中止会议做一个蓝色思考帽评论，很容易惹恼大家，偶尔使用会更加有效。

（三）作用和价值

六顶思考帽经历了从理论到课程化开发的过程，其可作用于企业的会议、决策、沟通、报告甚至影响个人生活，很多企业评价六顶思考帽的推行改善了企业文化，极大地提高了管理效能。

这种思维有别于批判性、辩论性、对立性的方法，是一种具有建设性、设计性和创新性的思维管理工具。它使思考者克服情绪感染，剔除思维的无助和混乱，摆脱习惯思维枷锁的束缚，以更高效的方式进行思考。用六种颜色的帽子这种形象化的手段，使我们非常容易驾驭复杂的思维。当你认为问题无法解决时，六顶思考帽就会给你一个崭新的契机，使各种不同的想法和观点很和谐地组织在一起，避免人与人之间的对抗。经过一个深思熟虑的过程，最后去寻找答案，避免自负和片面性。六顶思考帽代表了六种思维角色的扮演，它几乎涵盖了思维的整个过程，既可以有效地支持个人的行为，也可以支持团体讨论中的互相激发。

三、头脑风暴法

（一）含义

头脑风暴法源自“头脑风暴”一词。所谓“头脑风暴”（Brain-storming），最早是精神病理学上的用语，是就精神病患者精神错乱状态而言的，现在转而指无限制地自由联想和讨论，其目的在于产生新观念或激发创新设想。

在群体决策中，由于群体成员的心理相互作用影响，易屈于权威或大多数人的意见，形成所谓“群体思维”。群体思维削弱了群体的批判精神和创造力，损害了决策的质量。为了保证群体决策的创造性，提高决策质量，管理上发展了一系列改善群体决策的方法，头脑风暴法是较为典型的一个。

头脑风暴法又可分为直接头脑风暴法（通常称为“头脑风暴法”）和质疑头脑风暴法（也称“反头脑风暴法”）。前者是在专家群体决策时尽可能激发其创造性，产生尽可能多的设想方法；后者则是对前者提出的设想、方案逐一质疑，分析其现实可行性的方法。

采用头脑风暴法组织群体决策时，要集中有关专家召开专题会议，主持者以明确的方式向所有参与者阐明问题，说明会议的规则，尽力营造融洽轻松的会议气氛。一般主持者不发表意见，以免影响会议的自由气氛，由专家“自由”地提出尽可能多的方案。

（二）激发机理

头脑风暴何以能激发创新思维？根据亚历克斯·奥斯本（Alex Faickney Osborn）本人及其他研究者的看法，主要有以下几点。

1. 联想反应

联想是产生新观念的基本过程。在集体讨论问题的过程中，每提出一个新的观念，都能引发他人的联想。相继产生一连串的新观念，出现连锁反应，形成新观念堆，为创造性地解决问题提供了更多的可能性。

2. 热情感染

在不受任何限制的情况下，集体讨论问题能激发人的热情。人人自由发言，相互影响、相互感染，能形成热潮，突破固有观念的束缚，最大限度地发挥创造性的思维能力。

3. 竞争意识

在有竞争意识的情况下，人人争先恐后，竞相发言，不断地开动思维机器，力求提出有独到见解的新奇观念。心理学告诉我们，人类有争强好胜心理，在有竞争意识的情况下，人的心理活动效率可增加50%甚至更多。

4. 个人欲望

在集体讨论解决问题过程中，个人的欲望自由不受任何干扰和控制是非常重要的。头脑风暴法有一条原则：不得批评仓促的发言，甚至不许有任何怀疑的表情、动作、神色。这就使得每个人畅所欲言，提出大量的新观念。

（三）要求

1. 组织形式

小组人数一般为10~15人（课堂教学也可以以班为单位），最好由不同专业或不同岗位者组成。

时间一般为20~60分钟。

设主持人一名，主持人只主持会议，对设想不做评论。设记录员1~2人，要求认真将与会者每一设想不论好坏都完整地记录下来。

2. 开展类型

设想开发型：这是为获取大量的设想、为课题寻找多种解题思路而召开的头脑风暴会，因此，要求参与者要善于想象，语言表达能力要强。

设想论证型：这是为将众多的设想归纳转换成实用型方案召开的头脑风暴会。要求与会者善于归纳、善于分析判断。

3. 会前准备工作

会议要明确主题。会议主题提前通报给与会人员，让与会者有一定准备，选好主持人。主持人要熟悉并掌握该技法的要点和操作要素，摸清主题现状和发展趋势；参与者要有一定的训练基础，懂得该会议提倡的原则和方法。会前可进行柔化训练，即对缺乏创新锻炼者进行打破常规的思考，转变思维角度的训练活动，以减少思维惯性，从单调的紧张工作环境中解放出来，以饱满的创造热情投入激励设想活动。

4. 总结流程

以上开展要求，可以总结为如下具体流程。

确定议题→确定人选→明确分工→规定纪律→确定时间→实施。

（四）原则

头脑风暴法应遵守如下原则。

第一，庭外判决原则（延迟评判原则）：对各种意见、方案的评判必须放到最后阶段，此前不能对别人的意见提出批评和评价。认真对待每一种设想，而不管其是否适当和可行。

第二，自由畅想原则：欢迎大家各抒己见，自由发言，创造一种自由、活跃的气氛，激发参加者提出各种荒诞的想法，使与会者思想放松，这是智力激励法的关键。

第三，以量求质原则：追求数量，意见越多，产生好意见的可能性越大，这是获得高质量、创造性设想的条件。

第四，综合改善原则：探索取长补短和改进的办法。除提出自己的意见外，鼓励参加者对他人已经提出的设想也进行补充、改进和综合，强调相互启发、相互补充和相互完善，这是智力激励法能否成功的标准。

第五，突出求异创新原则：这是智力激励法的宗旨。

第六，限时限人原则。

案例20：头脑风暴法解决严重积雪问题

有一年，美国北方格外严寒，大雪纷飞，电线上积满冰雪，大跨度的电线常被积雪压断，严重影响通信。过去，许多人试图解决这一问题，但都未能如愿。后来，电信公司经理应用了头脑风暴法，尝试解决这一难题。他召开了一种能让头脑卷起风暴的座谈会，参加会议的是不同专业的技术人员，要求他们必须遵守以下原则。

第一，自由思考。即要求与会者尽可能解放思想，无拘无束地思考问题并畅所欲言，不必顾虑自己的想法或说法是否“离经叛道”或“荒唐可笑”。

第二，延迟评判。即要求与会者在会上不要对他人的设想评头论足，不要发表“这主意好极了！”或“这种想法太离谱了！”之类的“捧杀句”或“扼杀句”。至于对设想的评判，留在会后组织专人考虑。

第三，以量求质。即鼓励与会者尽可能多而广地提出设想，以大量的设想保证质量较高的设想的存在。

第四，结合改善。即鼓励与会者积极进行智力互补，在增加自己提出的设想时，注意思考如何把两个或更多的设想结合成一个更完善的设想。

按照这种会议规则，大家七嘴八舌地议论开来。有人提出设计一种专用的电线清雪机；有人想到用电热化解冰雪；也有人建议用振荡技术清除积雪；还有人提出能否带上几把大扫帚，乘坐直升机去扫电线上的积雪。对于这种“坐飞机扫雪”的设想，大家心里尽管觉得滑稽可笑，但在会上也无人提出异议。相反，有一工程师在百思不得其解时，听到用飞机扫雪的想法后，大脑突然受到冲击，一种简单可行且高效率的清雪方法冒了出来。他想，每当大雪过后，出动直升机沿积雪严重的电线飞行，依靠高速旋转的螺旋桨即可将电线上的积雪迅速扇落。他马上提出“用直升机扇雪”的新设想，顿时又引起其他与会者的联想，有关用飞机除雪的主意一下子又多了七八条。不到一小时，与会的10名技术人员共提出90多条新设想。

会后，公司组织专家对设想进行分类论证。专家认为设计专用清雪机，采用电热或电磁振荡等方法清除电线上的积雪，在技术上虽然可行，但研制费用大，周期长，一时难以见效。那种因“坐飞机扫雪”激发出来的几种设想，倒是一种大胆的新方案，如果可行，将是一种既简单又高效的好办法。经过现场试验，发现用直升机扇雪真能奏效，一个久悬未决的难题，终于在头脑风暴座谈会中得到了巧妙的解决。

随着发明创造活动的复杂化和课题涉及技术的多元化，单枪匹马式的冥思苦想将变得软弱无力，“群起而攻之”的发明创造战术则显示出攻无不克的威力。

四、设问法

大多数人看见美丽的花时会发出“多美的花”之类的感叹，只有少数人会继续发问：“花为什么会这样红?”“花为什么会开在这里?”“这是什么花?”并积极地寻求答案。爱因斯坦说过：“提出一个问题往往比解决一个问题更重要，而提出新的问题、新的可能性，从新的角度去看旧的问题，都需要有创造性的想象力，而且标志着科学的真正进步。”实践也已证明，能发现问题与提出问题就等于成功了一半。可见，巧妙的设问对于创造是十分必要的。

（一）内涵

简而言之，设问法就是教人们在创造活动过程中，从哪些方面提出创造性问题的技法。具体地讲，就是以书面或口头形式，对拟改进创新的事物进行分析、展开、综合的过程。通过有序地提出一些问题，使问题具体化，缩小了需要探索和创新的范围，启发人们系统地思考解决问题的可能性，产生创新方案。设问法实际上就是提供了一张提问的单子，问题涉及的范围相当全面，提问中使用“假如……”“如果……”“是否……”“还有……”这样的一些词语，能够启发思维、促进想象，使人快速进入假想，通过各种假设式的变换探索寻找解决问题的途径。设问法中最为典型的技法是奥斯本检核表法，较常用的引申技法有5W2H分析法、和田十二法等。

（二）特点

设问法就是通过提问的形式去发现事物的症结所在，并继而进行发明创造的一种技法。它主要有以下特点。

第一，以提问的方式寻找发明的途径。设问法的首要特点，是抓住事物带有普遍意义的方面进行提问，所以它的应用范围很广，不仅可用于技术上的产品开发，还可用于改善管理等范畴。各种技法无不是围绕着“是什么”“为什么”“怎么样”等问题展开的，只是其具体提问范围有所差异。比如，5W2H分析法，是从客体的本质、主体的本质、物质运动的最基本形式、时间和空间、事情发生的原因和程度等进行提问的。这些问题属于任何事物存在的根本条件。抓住一个事物的制约条件分析问题，就会发现问题的症结与原因。又如，奥斯本检核表法，是抓住声音、颜色、气味、形状、材料、大小、轻重、粗细、上下、左右、前后等事物的基本属性进行思考，因而具有普遍的适用性。

第二，从不同的角度、多个方面进行设问检查，转换思维，有利于突破定势思维的束缚。奥斯本检核表法不把注意力集中在问题的某一个方面，而是突破了旧的框架，大胆想象，借助于联想、类比、组合、分割、变换、异质同构、颠倒顺序、大小转化、改型换代等措施，以得到各种不同类型的答案。5W2H分析法也是试着从多个不同角度去考察问题。系统提问法则是从事物的现有属性出发，归纳出一般属性，并进行外延，最后以发问的方式得出有意义的方案。设问检查法对于群众性的合理化建议活动，技术上的小发明、小革新等，是非常适合的，也可与其他技法联合使用。如果需要解决的问题较大，借助本技法也可使问题明确化，从而缩小目标，找到问题的关键所在，有针对性地解决它。

（三）原理

创造技法是具有普遍指导意义的创造方法，从理论上说，它应该源于一定的创造原理。创造原理就是能够形成其他次一级或更次一级创造规律或创造方法，设问法的主要思路是变换思考问题的方向，多角度、多方向地进行思考。主要采用的创造原理有以下三种。

1. 组合创造原理

组合创造原理就是通过将事物进行简单的叠加，使组合之物扩大原有的功能或产生新的功能。设问法中主要参考了组合创造原理中的同类组合、异类组合、主体附加、重组组合原理。需要注意的是，在运用组合创造原理时，应尽量使各组合因子的功能互补或放大，从而最大限度地满足人们的需要和产生实用性。组合创造原理总是因为满足人们的某种需要而被采用，无法满足人们需要和不能促进社会进步的组合创造，不应成为创造目标。

2. 逆反创造原理

创新活动的个体或群体，顺着已有事物的原理或结构或与一般做法和想法完全相反的方向进行创造，也常常能导致新颖性的结果而引起创造。逆反可以表现在原理上，也可以表现在空间和时间上，还可以表现在形状、特征、功能上。

3. 变性创造原理

即因“改变属性”而产生创造的原理。其实质是通过改变事物已有的属性而产生新颖性的创造。从一定意义上说，变性创造原理是逆反创造原理的一种扩充。一个事物的属性是多种多样的，逆反原理强调的是事物所具有成对相反属性的互变，如大与小、上与下等。其实，对事物其他一些非相反属性做若干改变，也会产生新的创造。在变性原理中，如果所变属性正好相反，那么实际上它就相当于逆反创造原理了。

（四）典型设问法

1. 奥斯本检核表法

奥斯本检核表法，是针对某种特定要求而制定的检核表，主要用于新产品的研制开发。奥斯本检核表法是指以该技法的发明者亚历克斯·奥斯本命名，引导主体在创造过程中对照九个方面的问题进行思考，以便启迪思路，开拓奥斯本思维想象的空间，促进人们产生新设想、新方案的方法。该技法主要针对九个大问题：有无其他用途、能否借用、能否改变、能否扩大、能否缩小、能否代用、能否重新调整、能否颠倒、能否组合。

奥斯本检核表法是一种产生创意的方法。在众多的创造技法中，这种方法是效果比较理想的。由于它突出的效果，被誉为“创造之母”。人们运用这种方法，产生了很多杰出的创意，以及大量的发明创造。

奥斯本检核表法的核心是改进，或者说，关键词是改进。通过变化改进。其基本做法是：首先，选定一个要改进的产品或方案；其次，面对一个需要改进的产品、方案或者面对一个问题，从不同角度提出一系列的问题，并由此产生大量的思路；最后，根据以上思路，进行筛选和进一步的思考、完善。

奥斯本检核表法的实施步骤如下。

第一，根据创新对象明确需要解决的问题；

第二，根据需要解决的问题，参照表中列出的问题，运用丰富的想象力，强制性地逐个核对讨论，写出新设想；

第三，对新设想进行筛选，将最有价值和创新性的设想筛选出来。

需要注意的事项如下。

第一，要联系实际逐条地进行检核，不要有遗漏。

第二，要多检核几遍，这样效果会更好，或许可以更准确地选择出所需创新、发明的方面。

第三，在检核每项内容时，要尽可能地发挥自己的想象力和联想力，产生更多创造性设想。在进行检索思考时，可以将每大类问题作为一种单独的创新方法运用。

第四，检核方式可根据需要确定，可以一人检核，也可以3~8人共同检核。集体检核可以互相激励，产生头脑风暴，更有希望产生创新。

奥斯本检核表法属于横向思维，以直观、直接的方式激发思维活动，操作十分方便，效果也相当好。

下述九组问题对任何领域创造性地解决问题都是适用的，这些问题不是奥斯本凭空想象的，而是他在研究和总结大量近现代科学发现、发明、创造事例的基础上归纳出来的。

第一，现有的东西（如发明、材料、方法等）有无其他用途？保持原状不变能否扩大用途？稍加改变有无别的用途？

人们在从事创造活动时，往往沿这样两条途径：一种是当某个目标确定后，沿着从目标到方法的途径，根据目标找出达到目标的方法；另一种是与此相反的，首先发现一种事实，然后想象这一事实能起什么作用，即从方法入手将思维引向目标。后者是人们最常用的，而且随着科学技术的发展，这种方法将得到越来越广泛的应用。

某个东西，“还能有其他什么用途?”“还能用其他什么方法使用它?”等，这能使我们的思维活跃起来。当我们拥有某种材料，为扩大它的用途，打开它的市场，就必须善于进行这种思考。德国有人想出了300种利用花生的实用方法，仅仅用于烹调，他就想出了100多种方法。橡胶有什么用处？有家公司提出了成千上万种设想，如用它制成床毯、浴盆、人行道边饰、衣夹、鸟笼、门扶手、棺材、墓碑等。炉渣有什么用处？废料有什么用处？边角料有什么用处？等等。当人们将自己的想象投入这条广阔的“高速公路”上时，就会以丰富的想象力产生出更多的好设想。

第二，能否从别处得到启发？能否借用别处的经验或发明？外界有无相似的想法，能否借鉴？过去有无类似的东西，有什么东西可供模仿？谁的东西可供模仿？现有的发明能否引入其他的创造性设想？

当伦琴发现X射线时，并没有预见到这种射线的任何用途。因而，当他得知这项发现具有广泛用途时，他感到吃惊。通过联想借鉴，现在人们不仅已用X光治疗疾病，外科医生还用它观察人体的内部情况。同样，电灯在开始时只用来照明，后来，改进了光线的波长，发明了紫外线灯、红外线加热灯、灭菌灯等。科学技术的重大进步，不仅表现在某些科学技术难题的突破上，也表现在科学技术成果的推广应用上。一种新产品、新工艺、新材料，必将随着它越来越多的新应用而呈现其生命力。

第三，现有的东西可否做某些改变？改变一下会怎么样？可否改变一下形状、颜色、味道？可否改变一下型号、运动形式？改变之后，效果又将如何？

比如，汽车，有时改变一下车身的颜色，就会增加汽车的美感，从而增加销售量。又如，面包，给它裹上一层芳香的包装，就能提高嗅觉诱力。据说妇女用的游泳衣是婴儿衣服的模仿品，而滚柱轴承改成滚珠轴承就是改变形状的结果。

第四，放大、扩大。现有的东西能否扩大使用范围？能否增加一些东西？能否添加部件、延长时间、增加长度、提高强度、延长使用寿命、提高价值、加快转速？……

在自我发问的技巧中，研究“再多些”与“再少些”这类有关联的成分，能给想象提供大量的构思设想。使用加法和乘法，便可以使人们扩大探索的领域。

“为什么不用更大的包装呢?”——橡胶工厂大量使用的黏合剂通常装在1加仑的马口铁桶中出售，使用后便扔掉。有位工人建议将黏合剂装在50加仑的容器内，容器可反复使用，节省了大量马口铁。

“能使之加固吗?”——织袜厂通过加固袜头和袜跟，使袜的销售量大增。

“能改变一下成分吗?”——牙膏中加入某种配料，成了具有某种附加功能的牙膏。

第五，缩小、省略。缩小一些怎么样？现在的东西能否缩小体积，减轻重量，降低高度，压缩、变薄？能否省略？能否进一步细分？……

前面一条是沿着“借助于扩大”“借助于增加”而通往新设想的渠道，这一条则是沿着“借助于缩小”“借助于省略或分解”的途径寻找新设想。袖珍式收音机、微型计算机、折叠伞等就是缩小的产物。没有内胎的轮胎，尽可能删去细节的漫画，就是省略的结果。

第六，能否代用。可否由别的东西、别的人代替？可否用别的材料、零件代替？可否用别的方法、工艺代替？可否用别的能源代替？可否选取其他地点？

比如，在气体中用液压传动来替代金属齿轮；又如，用充氩的办法来代替电灯泡中的真空，以提高钨丝灯泡的亮度。通过取代、替换的途径，也可以为想象提供广阔的探索领域。

第七，从调换的角度思考问题。能否更换一下先后顺序？可否调换元件、部件？是否可用其他型号？可否改成另一种安排方式？原因与结果能否对换位置？能否变换一下日程？更换一下，会怎么样？

重新安排通常会带来很多的创造性设想。飞机诞生的初期，螺旋桨安排在头部，后来将它装到了顶部，成了直升机，喷气式飞机则把它安放在尾部，说明通过重新安排可以产生种种创造性设想。商店柜台的重新安排，营业时间的合理调整，电视节目顺序的调整，机器设备布局的调整等，都有可能产生更好的结果。

第八，从相反方向思考问题。对比也能成为萌发想象的宝贵源泉，可以启发人的思路。倒过来会怎么样？上下可否倒过来？左右、前后可否对换位置？里外可否调换？正反是否可以调换？可否用否定代替肯定？……

这是一种反向思维的方法，它在创造活动中是一种颇为常见和有用的思维方法。“一战”期间，有人就曾运用这种“颠倒”的设想建造舰船，建造速度也有了显著的提高。

第九，从综合的角度分析问题。组合起来怎么样？能否装配成一个系统？能否把目的进行组合？能否将各种想法进行综合？能否把各种部件进行组合？等等。

例如，把铅笔和橡皮组合在一起成为带橡皮的铅笔，把几种部件组合在一起变成组合机床，把几种金属组合在一起变成各种性能不同的合金，把几件材料组合在一起制成复合材料，把几个企业组合在一起构成横向联合。

应用奥斯本检核表是一种强制性思考过程，有利于突破不愿提问的心理障碍。很多时候，善于提问本身就是一种创造。

2. 5W2H分析法

（1）含义

5W2H分析法又叫“七问分析法”，是以5个W开头和2个H开头的英语单词进行发问，发现解决问题的线索，进行设计构思，从而创造新的发明的一种创新分析方法。这种方法是“二战”中美国陆军兵器修理部首创，因其简单、方便，易于理解、使用，富有启发意义，故广泛用于企业管理和技术活动，对于决策和执行性的活动措施也非常有帮助，有助于弥补考虑问题的疏漏。

（2）步骤

5W2H分析法要求，对选定的项目、工序或操作，都要从人员（何人，Who）、时间（何时，When）、地点（何地，Where）、原因（何因，Why）、对象（何事，What）、方法（何法，How）、花费（何价，How much）七个方面提出问题进行思考。这种看似很可笑、很天真的问话和思考办法，可使思考的内容深化、科学化。具体见表2-1。

表2-1　5W2H分析法

5W2H	1层次	2层次	3层次	4层次	结论
Who	是谁	为什么是他	有更合适的人吗	为什么是更合适的人	定人员
When	什么时候	为什么在这个时候	有更合适的时间吗	为什么是更合适的时间	定时间、定顺序
Where	什么地点	为什么在这个地点	有更合适的地点吗	为什么是更合适的地点	定位置
Why	什么原因	为什么是这个原因	有更合适的理由吗	为什么是更合适的理由	定原因
What	什么事情	为什么做这个事情	有更合适的事情吗	为什么是更合适的事情	定事、定主题

续表

5W2H	1层次	2层次	3层次	4层次	结论
How	如何去做	为什么采用这个方法	有更合适的方法吗	为什么有更合适的方法	定方法
How much	花费多少	为什么要这些花费	有更合理的花费吗	为什么是更合理的花费	定耗费、定成本

（3）作用

如果现行的做法或产品经过七个问题的审核已无懈可击，便可认为这一做法或产品可取。如果七个问题中有一个答复不能令人满意，则表示这方面有改进余地。如果哪方面的答复有独创的优点，则可以扩大产品这方面的效用。经过七步，新产品就可以克服原产品的缺点，扩大原产品独特的优点。

3. 和田十二法

（1）含义

和田十二法，又叫“和田创新法则”（和田创新十二法），即指人们在观察、认识一个事物时，考虑是否可以。和田十二法是我国学者许立言、张福奎在奥斯本检核表基础上，借用其基本原理，加以创造而提出的一种思维技法。它既是对奥斯本检核表法的一种继承，又是一种大胆的创新。比如，其中的“联一联”“定一定”等，就是一种新发展。同时，这些技法更通俗易懂，简便易行，便于推广。

（2）内容

第一步，加一加：加高、加厚、加多、组合等。

第二步，减一减：减轻、减少、省略等。

第三步，扩一扩：扩大、放大、提高功效等。

第四步，变一变：变形状、颜色、气味、次序等。

第五步，改一改：改缺点、改不便、改不足之处。

第六步，缩一缩：缩小、压缩、微型化。

第七步，联一联：原因和结果有何联系，把某些东西联系起来。

第八步，学一学：模仿形状、结构、方法，学习先进技术。

第九步，代一代：用别的材料代替，用别的方法代替。

第十步，搬一搬：移作他用。

第十一步，反一反：能否颠倒一下。

第十二步，定一定：定个界限、标准，能提高工作效率。

将项目按这十二个“一”的顺序进行核对和思考，就能从中得到启发，诱发人们的创造性思考。

案例21：减一减的创新

目前市面上很多高功能的数码照相机，却有90%的功能大家不会用。这个时候减去很多功能，就意味着成本的降低，也相当于进入一个新的无竞争领域，满足一部分经济型消费者的需求。比如，爱国者推出的全民普及的低价相机就是这一特点，去除没有必要的功能。

经营企业有的时候要做减法，减掉非核心主业，锻造专业化。

常年盈利的美国西南航空公司，为降低成本，他们首先把空姐裁掉一些，因为美国人工费用非常高。其次不提供飞机餐食，既空出两个位置，又降低了成本。其实航空食品非常贵，因为要保鲜，另外，加热的设备这些都需要采购的，还需打扫卫生。飞机工程师的费用也很高，因此，他们采购的50架飞机都是737飞机，只要存一定的备件就可以了。这样，各方面的成本都降低，规模也上来了。

五、德尔菲法

（一）含义

德尔菲法，是采用背对背的通信方式征询专家小组成员的预测意见，经过几轮征询，使专家小组的预测意见趋于集中，最后做出符合市场未来发展趋势的预测结论。德尔菲法又名“专家意见法”或“专家函询调查法”，是依据系统的程序，采用匿名发表意见的方式，即团队成员之间不得互相讨论，不发生横向联系，只能与调查人员发生关系，反复地填写问卷，以集结问卷填写人的共识及收集各方意见，可用来构造团队沟通流程，应对复杂任务难题的管理技术。

（二）基本特点

德尔菲法本质上是一种反馈匿名函询法。其大致流程是：在对所要预测的问题征得专家的意见之后，进行整理、归纳、统计，再匿名反馈给各专家，再次征求意见，再集中，再反馈，直至得到一致的意见。其过程可简单表示如下：匿名征求专家意见—归纳、统计—匿名反馈—归纳、统计……若干轮后停止。

由此可见，德尔菲法是一种利用函询形式进行的集体匿名思想交流过程。它有三个明显区别于其他专家预测方法的特点，即匿名性、反馈性、统计性。

➡ 1. 匿名性

因为在采用德尔菲法时，所有专家组成员不直接见面，只是通过函件进行交流，这样就可以消除权威的影响。这是该方法的主要特征。匿名是德尔菲法极其重要的特点，从事预测的专家不知道有其他哪些人参加预测，他们是在完全匿名的情况下交流思想的。后来改进的德尔菲法允许专家开会进行专题讨论。

➡ 2. 反馈性

德尔菲法需要经过3~4轮的信息反馈，在每次反馈中，调查组和专家组都可以进行深入研究，使得最终结果基本反映专家的基本想法和对信息的认识，所以结果较为客观、可信。小组成员的交流，是通过回答组织者的问题来实现的，一般要经过若干轮反馈才能完成预测。

➡ 3. 统计性

最典型的小组预测结果，是反映多数人的观点，少数派的观点至多概括地提及一下，但是这并没有表示出小组不同意见的状况。而统计回答却不是这样，它报告一个中位数和两个四分点，其中一半落在两个四分点之内，另一半落在两个四分点之外。这样，每种观点都包括在这样的统计中，消除了专家会议法只反映多数人观点的弊端。

德尔菲法的这些特点，使它成为一种最为有效的判断预测法。它的优点在于：可以消除群体决策可能出现的一些弊端；声音最大或地位最高的人没有机会控制群体意志，因为每个人的观点都会被收集；管理者可以保证在征集意见以便做出决策时，没有忽略重要观点。

主要缺点是：专家选择没有明确的标准；预测结果缺乏严格的科学分析；最后趋于一致的意见，仍带有随大流的倾向。

（三）原则

第一，挑选的专家应有一定的代表性、权威性。

第二，在进行预测之前，首先应取得参加者的支持，确保他们能认真地进行每一次预测，以提高预测的有效性。同时，也要向组织高层说明预测的意义和作用，取得决策层和其他高级管理人员的支持。

第三，问题表设计应该措辞准确，不能引起歧义。征询的问题一次不宜太多，不要问那些与预测目的无关的问题，列入征询的问题不应相互包含，所提问题应是所有专家都能答复的问题，而且应尽可能保证所有专家都能从同一角度去理解。

第四，在进行统计分析时，应该区别对待不同的问题，对于不同专家的权威性，应给予不同权数，而不是一概而论。

第五，提供给专家的信息应该尽可能地充分，以便其做出判断。

第六，只要求专家做出粗略的数字估计，并不要求十分精确。

第七，问题要集中，要有针对性，不要过分分散，以便使各个事件构成一个有机整体。问题要按等级排列，先简单后复杂、先综合后局部。这样易引起专家回答问题的兴趣。

第八，调查单位或领导小组的意见不应强加于调查意见之中，要防止出现诱导现象，避免专家意见向领导小组的意见靠拢，以得出专家迎合领导小组观点的预测结果。

第九，避免组合事件。如果一个事件包括专家同意的和专家不同意的两个方面，专家将难以做出回答。

（四）实施步骤

德尔菲法的具体实施步骤如下所示。

第一，确定调查题目，拟定调查提纲，准备向专家提供的资料（包括预测目的、期限、调查表以及填写方法等）。

第二，组成专家小组。按照课题所需要的知识范围，确定专家。专家人数可根据预测课题的大小和涉及面的宽窄而定，一般不超过20人。

第三，向所有专家提出所要预测的问题及有关要求，并附上有关这个问题的所有背景材料，同时请专家提出还需要什么材料。然后，由专家做书面答复。

第四，各位专家根据他们所收到的材料，提出自己的预测意见，并说明自己是怎样利用这些材料并提出预测值的。

第五，对各位专家第一次的判断意见进行汇总，列成图表，进行对比，再分发给各位专家，让专家比较自己同他人的不同意见，修改自己的意见和判断。也可以把各位专家的意见加以整理，或请身份更高的其他专家加以评论，然后把这些意见再分送给各位专家，以便他们参考后修改自己的意见。

第六，把所有专家的修改意见收集起来，进行汇总，再次分发给各位专家，以便做第二次修改。逐轮收集意见并为专家反馈信息是德尔菲法的主要环节。收集意见和信息反馈一般要经过三四轮。在向专家进行反馈时，只给出各种意见，但并不说明发表各种意见的专家的具体姓名。这一过程重复进行，直到每位专家不再改变自己的意见为止。

第七，对专家的意见进行综合处理。

一是能充分发挥各位专家的作用，集思广益，准确性高。

二是能把各位专家意见的分歧点表达出来，取各家之长，避各家之短。同时，德尔菲法又能避免出现专家会议法的缺点：①权威人士的意见影响他人的意见；②有些专家碍于情面，不愿意发表与其他人不同的意见；③出于自尊心而不愿意修改自己原来不全面的意见。

我们需要注意以下几点。

第一，并不是所有被预测的事件都要经过所有步骤。可能有的事件在第三步就达到统一，而不必在第四步中出现。

第二，在步骤全部结束后，专家对各事件的预测也不一定都能达到统一。即使不统一也可以用中位数和上下四分点来做结论。事实上，有许多事件的预测结果都是不统一的。

第三，必须通过匿名和函询的方式。

第四，要做好意见甄别和判断工作。

第四节　创新成功案例

一、华为：从通信巨头到全球科技领航者的崛起之路

华为的创新故事是一段充满挑战与突破的传奇，展现了其在全球科技领域中的领先地位和不懈追求。

（一）创新历程与成就

华为成立于1987年，最初是一家小型通信设备代理商。然而，创始人任正非很快意识到自主研发的重要性，开始投入资源进行技术研发。20世纪90年代初，华为推出了自己的第一款产品——C&C08数字交换机，标志着华为正式

进入通信设备市场。这一举措为华为后续的技术创新奠定了坚实基础。随着国内市场的逐渐饱和，华为开始将目光投向国际市场。通过提供高性价比的产品和优质的服务，华为迅速赢得了国际客户的认可。如今，华为已经成为全球最大的电信设备供应商之一，拥有遍布全球的研发中心和销售网络。

如今华为在5G通信技术、芯片技术、鸿蒙操作系统（HarmonyOS）、光通信技术等多个领域均占据显著的领先地位。这些技术的不断创新和发展为华为在全球科技竞争中的领先地位奠定了坚实基础。

1. 5G通信技术

·全球领导者：华为是全球5G通信技术的领导者之一，拥有大量的5G标准必要专利，其数量位居全球前列。

·技术优势：华为的5G通信技术在容量、速度和稳定性上均具有显著优势，能够支持大规模MIMO技术、信道编码技术、毫米波通信技术等重要领域。

·商用进展：华为的5G解决方案在全球多个城市进行预商用测试，性能全面超越国际电信联盟（ITU）的要求。此外，华为还推出了5G-A技术，实现了速率与智能化能力的显著升级。

2. 芯片技术

·自主研发：华为的海思半导体自主研发了麒麟系列芯片，这些芯片采用先进的制程技术，集成了高性能的处理器和通信模块。

·技术亮点：麒麟芯片具备领先的SoC（System on Chip）架构，如麒麟990 5G芯片，是全球首款旗舰5G SoC芯片，集成了NSA/SA双架构和TDD/FDD全频段支持，具备高度集成和低功耗的特点。

3. 鸿蒙操作系统

·全场景分布式：鸿蒙操作系统是一个全场景分布式操作系统，具有高安全性和无缝协同的特点，支持多设备互联。

·用户体验：鸿蒙系统优化了资源管理与功耗，确保应用程序和设备的智能协同，为用户带来极佳的使用体验。同时，鸿蒙操作系统在数据安全和隐私保护方面也采取了多重防护措施。

4. 光通信技术

·技术实力：华为在光通信领域拥有强大的技术实力，其超高速光传输系统能够实现单波长400Gbps甚至更高的传输速度。

·应用广泛：华为的光接入技术和光模块技术在多种场景中得到广泛应用，提供了稳定、高质量的通信解决方案。

5. 人工智能技术

·研发投入：华为在人工智能领域投入大量研发资源，其人工智能技术覆盖计算机视觉、语音识别和自然语言处理等诸多方面。

·应用广泛：华为的人工智能技术被广泛应用于智能安防、智能助手、机器翻译等多个场景，如华为智能摄像头实现了人脸识别、目标检测和行为分析等功能。

6. 星闪技术

·无线通信技术：华为的星闪技术是一种低功耗、高速度的无线通信技术，融合了蓝牙和Wi-Fi的优点，实现了突破性的连接体验。

·应用前景：星闪技术为智能设备间的连接提供了新的可能性，有望在未来智能设备市场中占据重要地位。

7. 数字能源技术

·绿色转型：华为推动数字能源技术的发展，助力客户实现绿色发电和节约用电，减少二氧化碳排放。

·支持碳中和：华为的数字能源技术有助于支持全球能源转型与碳中和目标的实现。

8. 智能汽车解决方案

·ICT技术赋能：华为通过ICT技术赋能汽车产业智能化，提供智能驾驶、智慧空间、智慧服务和智能生产的解决方案。

·推动创新：华为的智能汽车解决方案推动了汽车行业的创新发展，为智能网联汽车的发展提供了有力支持。

（二）创新文化与战略创新文化

华为一直坚持自主创新的企业文化，鼓励员工敢于挑战传统、勇于尝试新的想法和方法。华为的创新团队由来自不同领域的专家组成，他们共同推动着华为的创新和发展。战略规划：华为在战略规划方面表现出色，能够准确洞察科技趋势和市场需求，制定出符合自身发展的战略方向。华为在面对不确定性和快速变化的环境中，能够灵活调整战略和发展方向，寻求新的机遇和增长点。

（三）未来展望

华为将继续坚持创新驱动的发展战略，推动通信技术的进一步发展。同时，华为也将加强与合作伙伴的合作，共同推动行业的创新和发展。在未来，华为有望在全球科技领域中继续保持领先地位，并为人类社会的进步和发展做出更大的贡献。

综上所述，华为的创新故事是一段充满挑战与突破的传奇。通过持续的技术创新和产品创新，华为不仅在全球科技领域中取得了显著成就，也为整个行业带来了新的发展机遇。

二、传音手机：非洲市场的黑马传奇，以本地化创新引领智能新篇章

传音手机，作为非洲市场的“手机之王”，其创新故事充满了挑战与突破，展现了本地化创新的力量。

（一）创业初期：聚焦非洲，洞察需求

传音手机的前身是深圳传音控股股份有限公司，成立于2006年。公司在成立初期就明确了“聚焦非洲”的发展战略。当时，非洲市场上的手机品牌以国际品牌为主，这些品牌并未针对非洲市场特性进行产品研发和生产，缺乏有竞争力的本土手机品牌。公司通过深入的市场调研和用户洞察，发现非洲消费者对手机产品有本地化需求，如双卡双待、大电池、耐用等特性。

（二）产品创新：满足非洲用户的差异化需求

双卡双待与多卡多待：针对非洲消费者常常使用多张SIM卡以避免高额通信费用的需求，公司迅速推出了双卡双待功能机，并在后续推出了“四卡四待”手机TECNO 4Runner，这一创新设计迅速赢得了市场认可。

大电池设计：考虑到非洲供电不足、时常停电的情况，公司为手机配备了更大的电池，有效缓解了用户的电量焦虑。

本地化语言支持：公司在键盘上添加了阿姆哈拉语和斯瓦希里语等非洲常用语言的文字，提升了用户体验。

深肤色影像技术：针对非洲用户的肤色和肤质特点，公司成立了专门的影像研发团队，研发出适用于非洲用户的影像算法技术，包括深肤色人脸识别、

人像夜间拍照、智能美颜等，使照片更加清晰自然，更符合当地用户的审美习惯。

新材料应用：针对非洲本地酷热的气候和用户体质多汗容易造成腐蚀及脏污的问题，公司研发出导热性好、耐手汗、轻量化混编芳纶纤维新材，改善了手机外壳的抗酸性不足问题，并降低了整机的重量和厚度。

（三）市场拓展与品牌建设

销售网络覆盖：公司的产品已进入全球超过70个国家和地区，销售网络覆盖了非洲、南亚、东南亚、中东和南美等全球主要新兴市场。公司与超过2000家经销商客户建立合作，形成了广泛的销售网络。

品牌建设：传音旗下拥有TECNO、itel及Infinix等知名手机品牌，以及数码配件品牌Oraimo、家用电器品牌Syinix和售后服务品牌Carlcare。这些品牌针对不同的消费人群和市场需求，提供了多样化的产品和服务。

本地化营销：考虑到非洲网络覆盖率低、消费者基本没有网购渠道和在网上消费的习惯等情况，公司采取了线下覆盖式宣传营销。在非洲的旅游城市或贫民窟内，只要有墙的地方就有传音手机的涂墙广告。这种接地气的营销方式有效提升了品牌知名度。

（四）技术创新与研发投入

持续加大研发投入：从2016年到2023年，公司的研发投入大幅提升，从3.85亿元飙升至20.78亿元。研发人员数量也从不到1000人激增至数千人，占总劳动力的比例大幅上升。

多元化技术创新：公司在智能认知人工智能语音、AIoT垂直应用技术架构、5G等领域加大科研投入，不断提升产品的智能化水平。例如，公司推出的折叠屏手机Phantom V Fold2和Flip2就展现了其在高端智能手机领域的创新能力。

（五）总结与展望

传音手机的创新故事是一个从市场需求出发、通过本地化创新不断满足用户差异化需求的故事。传音的成功不仅在于其产品的创新设计和高性价比，更在于其深入洞察非洲市场、坚持本地化运营的战略眼光。未来，随着全球新兴市场的不断发展和消费者需求的日益多样化，传音将继续加大研发投入、拓展产品线和拓宽服务范围，为全球用户提供更加优质的智能终端产品和移动互联网服务。

三、比亚迪：从电池大王到新能源巨擘的绿色征途

比亚迪的创新故事是一段充满挑战与突破的壮丽篇章，它展现了一个企业如何从无到有、从小到大，最终成为全球新能源汽车行业的领军者。

（一）创业初期：电池技术的突破

比亚迪的创始人王传福，在创业初期便展现出了对电池技术的敏锐洞察力和创新能力。在20世纪90年代末，王传福看到了电池市场的巨大潜力，并决定投身于这一领域。他带领比亚迪团队，通过自主研发和技术创新，成功打破了日本厂商在电池领域的垄断地位。比亚迪的电池产品凭借优异的性能和成本优势，迅速获得了市场的认可，为比亚迪的后续发展奠定了坚实的基础。

（二）进军汽车行业：新能源汽车的先驱

在电池技术取得成功后，王传福并没有满足现状，而是将目光投向了更具挑战性的汽车行业。他深知，新能源汽车是未来汽车行业的发展方向，也是比亚迪实现跨越式发展的关键所在。于是，比亚迪开始积极布局新能源汽车领域，推出了多款具有创新性的新能源汽车产品。其中，最具代表性的便是比亚迪F3 DM插电式混动系统。这是全球第一款不依赖专业充电桩的双模电动车，它的推出标志着比亚迪正式进入了汽车主流市场。比亚迪凭借F3 DM等车型的出色表现，迅速在新能源汽车领域崭露头角，成为行业的先驱者。

（三）技术创新：DM技术的不断进化

比亚迪在新能源汽车领域的成功，离不开其持续不断的技术创新。DM技术作为比亚迪的核心技术之一，经过多年的发展和完善，已经实现了从第一代到第四代的进化。

第一代DM技术（2008年）：运用在全球首款插电式混动量产车型F3 DM插电式混动系统上，奠定了中国新能源技术以及全球插电式混动技术的基础。

第二代DM技术（2013年）：代表车型为比亚迪秦，实现了汽车新能源化的普及，并打破了当时国内自主品牌的性能天花板。

第三代DM技术（2018年）：以全新一代比亚迪唐为代表，旨在满足人们对低能耗的需求。

第四代DM技术，DM-p和DM-i双平台战略（2021年）：DM-p平台主打动力强劲、极速，满足消费者对高性能的追求；DM-i平台则以满足低能耗需求为目标，推动了新能源汽车市场的进一步普及。

（四）市场拓展与品牌建设

比亚迪在技术创新的同时，也积极拓展市场，加强品牌建设。通过在全球范围内的布局和合作，比亚迪成功打入了多个国际市场，包括泰国、波兰、智利和哥伦比亚等。比亚迪的全球化战略不再停留在产品输出上，更深入技术、品牌和服务的一体化输出，为中国汽车品牌树立了可借鉴的范本。

（五）持续创新：引领行业发展

比亚迪的创新故事并没有因为过去的成功而结束，相反，它正以更加坚定的步伐继续前行。在新能源汽车领域，比亚迪将继续加大研发投入，推动技术创新和产业升级。同时，比亚迪也将积极应对市场变化和消费者需求的变化，不断推出具有创新性和竞争力的新能源汽车产品。

比亚迪的创新故事是一段充满挑战与突破的壮丽篇章。从电池技术的突破到新能源汽车的先驱者，再到DM技术的不断进化和市场拓展与品牌建设，比亚迪始终保持着对创新的执着追求和对未来的坚定信心。未来，比亚迪将继续引领新能源汽车行业的发展潮流，为全球消费者提供更加优质、便捷的出行体验。

思考题：

1. 说说你所知道的定势思维和偏见思维。
2. 请运用头脑风暴法，围绕选定的主题进行创新发挥。
3. 头脑风暴法的激发机理是什么？

第三章　自我评估与团队组建

在当今竞争激烈且复杂多变的社会环境中，无论是个人的职业发展，还是组织的长远进步，自我评估与团队组建都起着至关重要的作用，它们如同鸟之双翼、车之两轮，共同推动着个人与组织不断前行。

自我评估是个人成长与发展的基石。它是一个深入探索自我、了解自身优势与不足的过程。通过科学、全面的自我评估，我们能够清晰地认识到自己的知识储备、技能水平、性格特点以及职业兴趣。这不仅能让我们明确自己的职业定位和发展方向，避免盲目跟风和随波逐流，还能让我们有针对性地进行学习和提升，不断挖掘自身潜力，实现个人价值的最大化。在面对各种机遇和挑战时，准确的自我评估能使我们做出更加明智的决策，更好地适应环境的变化。

第一节　创业前期的自我评估

任何一个企业的成功很大程度上都取决于企业主个人的性格、技能水平和经济状况。在决定创办一个企业之前，你必须真实地审视企业、审视自己，以判断自己是否是适合创办企业的那种人，目前是否具有创办企业的基本条件。

一、自我评估的内容

创业前的自我评估是一个至关重要的过程，它有助于创业者更清晰地了解自己的优势、劣势、兴趣、价值观以及是否具备创业所需能力和条件。以下是一些关键点。

1. 个人兴趣与激情

评估兴趣：思考你对哪个行业或领域有浓厚的兴趣，因为兴趣和激情是长期驱动你克服创业过程中各种困难的重要因素。

识别热情：确定你真正热爱的是什么，并思考如何将这种热情转化为创业项目的核心。

2. 技能与专长

技能评估：列出你拥有的所有技能和专长，包括专业技能（如编程、市场营销）、软技能（如沟通、领导力）和兴趣爱好相关技能。

匹配度分析：评估你的技能与创业项目所需技能之间的匹配度，识别哪些技能是现成的，哪些需要进一步提升或补充。

3. 经验与背景

工作经历：回顾你的工作经历，特别是与创业项目相关的经验，这些经验可能为你提供宝贵的行业洞察力、人脉资源或运营知识。

教育背景：考虑你的教育背景如何支持你的创业计划，是否为你提供了必要的理论基础或研究能力。

4. 财务状况与资源

资金评估：评估你的个人财务状况，包括储蓄、投资、可借贷额度等，以确定你是否有足够的资金支持创业初期的运营。

资源网络：思考你的社交网络、人脉资源和潜在投资者，这些资源对于获取资金、市场信息、合作伙伴等方面至关重要。

5. 性格特质与心理素质

性格分析：评估你的性格特质，如坚韧不拔、适应性强、拥有创新思维等，这些特质对于创业者来说至关重要。

心理素质：考虑你是否具备应对压力、不确定性和失败的心理准备，以及你能否保持积极乐观的态度。

6. 目标与愿景

明确目标：清晰地定义你的创业目标和愿景，包括短期目标和长期目标。

价值观一致：确保你的创业项目与你的个人价值观相契合，这样你才能在面对挑战时保持坚定的信念和动力。

7. 市场调研与竞争分析

市场调研：虽然这是针对项目的评估，但个人评估也应包括对目标市场的了解，以判断你的创业想法是否具有市场需求。

竞争分析：了解竞争对手的情况，评估你的创业项目在市场上的竞争优势和劣势。

通过全面的自我评估，创业者可以更加清晰地认识自己，为创业之路做好充分的准备。同时，这也是一个不断调整和完善创业计划的过程，帮助创业者更加稳健地迈出创业的第一步。

二、评估需要注意的事项

创业前的自我评估是创业者迈向成功的重要一步，它有助于创业者更全面地了解自己的优势和劣势，以及是否具备创业所需的能力和条件。在进行自我评估时，创业者需要注意以下几个方面。

（一）明确评估目的

首先，创业者需要明确自我评估的目的，即为了更准确地判断自己是否适合创业，以及是否已为创业做好充分的准备。这有助于创业者保持清晰的头脑和明确的方向，避免盲目行动。

（二）全面审视自己

个人特质与性格：评估自己的性格特质，如坚韧不拔、乐观向上、拥有创新思维等，这些特质对于创业者来说至关重要。同时，也要审视自己的心理素质，如抗压能力、应对失败的能力等。

技能与专长：列出自己的所有技能和专长，包括专业技能和软技能。

经验与背景：回顾自己的工作经历和教育背景，思考这些经历如何支持你的创业计划。特别是与创业项目相关的经验，它们可能为你提供宝贵的行业洞察力、人脉资源或运营知识。

评估这些技能与创业项目所需技能之间的匹配度，识别哪些技能是现成的，哪些需要进一步提升或补充。

（三）深入了解市场

虽然市场调研和竞争分析更多是针对项目的评估，但个人评估也应包括对目标市场的初步了解。这有助于创业者判断自己的创业想法是否具有市场需求，以及市场竞争的激烈程度。通过市场调研，创业者可以更加清晰地认识到自己的市场定位和发展方向。

（四）评估财务状况与资源

资金评估：评估自己的个人财务状况，包括储蓄、投资、可借贷额度等。确保自己有足够的资金支持创业初期的运营，并考虑到可能出现的资金短缺情况。

资源网络：思考自己的社交网络、人脉资源和潜在投资者。评估这些资源对于获取资金、市场信息、合作伙伴等方面的帮助程度。

（五）设定明确的目标与愿景

明确目标：清晰地定义自己的创业目标和愿景，包括短期目标和长期目标。这些目标应该具体、可衡量、可达成，并与自己的创业计划紧密相连。

价值观一致：确保自己的创业项目与个人价值观相契合。这样，在面对挑战和困难时，创业者才能保持坚定的信念和动力。

（六）保持客观与理性

在进行自我评估时，创业者需要保持客观与理性的态度。不要过分夸大自己的优点或忽视自己的缺点。同时，也要避免受到外界因素的干扰和影响，如盲目跟风、听信谣言等。只有保持清醒的头脑和独立的思考能力，才能做出明智的创业决策。

综上所述，创业前的自我评估是一个全面而深入的过程。创业者需要明确评估目的、全面审视自己、深入了解市场、评估财务状况与资源、设定明确的目标与愿景，并保持客观与理性的态度。只有这样，才能为创业之路做好充分的准备，提高创业成功的概率。

三、从创业者的角度分析自己

决定创业之前，应该分析评价一下自己，看看自己是否具有创业的素质、技能和物质条件。成功的创业者之所以成功，不是因为他们走运，而是因为他们工作努力，并具有经营企业的素质和能力。思考以下问题，并判断你成功的可能性有多大，考察自己是否真的适合创业。

①为什么要创业，是否有足够的决心，愿意承担风险吗？

②是否具备创业者应该有的能力与素质，是否有综合的素质，能否承受挫折？

③创业的核心资源优势是什么？

④是否有足够的耐心和耐力度过创业期的消耗，估计需要多长时间走过创业“瓶颈”阶段，自己需要多长时间的准备？

⑤创业最大的风险是什么，最坏的结果是什么，你能否承受？

⑥是否愿意放下安稳的生活，重新投入一个全新且充满变数的环境之中？

⑦遇到困难或问题时，能否不怕艰辛，一一应对，并做出正确决策？

⑧是否不怕失败，甚至将每个危机视为转机？

⑨是否愿意每天辛勤工作，甚至牺牲个人时间一天工作长达20小时及以上？

⑩是否喜欢接触新鲜事物，并且具备追根究底的精神？

⑪是否是个实践家，做事绝不拖拖拉拉、延误进度？

⑫是否意志坚定，同时也能从善如流，广纳他人建议？

⑬是否愿意将企业所获得的利润与合伙人、员工分享？

⑭是否愿意尽到自己的社会责任，尽可能地回馈社会？

将以上问题考虑清楚之后，再决定是否创业也不迟。

创业性格小测验

当你和朋友与其他人到一间饭店或酒店里用餐，你点菜时通常是（　　）。

A. 不管别人，只点自己想吃的菜

B. 点与别人同样的菜

C. 先说出自己想吃的东西

D. 先点好，再视周围情形而变动

E. 犹犹豫豫，点菜慢吞吞的

F. 先请店员介绍后再点菜

答案

选A：你是一个乐观、完全不拘小节的人。做事果断，容易跨出创业的第一步，但是否正确难说。

选B：你是顺从型的人，做事慎重，往往忽视了自我的存在，对自己的想法没有自信，常立刻顺从别人的意见，这种人是易受人影响的人，不适合创业。

选C：性格直爽、胸襟开阔，难以启齿的事也能轻而易举、若无其事地说出来。这种人待人不拘小节，有时候说话尖刻，也不会被人记恨，适合创业。

选D：你是个小心谨慎，在工作和交友上易犹豫的人。此类型的人给人的印象是软弱的。想象力丰富，但太拘泥于细节，缺乏掌握全局的意识，在创业中，千万不可犹豫不决。

选E：你是个做事一丝不苟、坚持安全第一的人。但你的谨慎往往是因为过分考虑对方的立场。你能够真诚地听取别人的劝说，但不应该忘掉自己的观点，应该说比较有创业优势。

选F：你是个自尊心强的人，讨厌别人的指挥，在做任何事之前，总是坚持自己的主张。做任何事都追求不同凡响，做事积极，在待人方面，重视双方的面子。如能谦虚，将对创业更有帮助。

四、创办企业面临的挑战

创办企业意味着要去从事企业的经营活动，这与受雇于别人拿工资的情况是完全不同的。可以说，创办企业是人生的一个重大步骤，它会改变你的生活。要办企业，就得全力以赴，做大量艰辛的工作，只有这样，才能使企业获得成功。当然，一旦获得成功，你所为之付出的努力会使你获得经济收益，并感到满足。

人们出于多种原因创办企业。有些人是为了体现自身价值而创办企业；有些人是为了改变生存方式而创办企业；还有些人可能是因为下岗和失业等而决定创业。不管你是何种原因创业，都要记住，创业既有好处，也有烦恼和困难。

自己创业可以获得许多好处，以下几种。

①更好地掌握自己的命运。

②不听命于他人。

③按自己的节奏工作。

④因出色的工作而赢得尊重、威望和利润。

⑤感受创造以及为社区和国家做贡献的乐趣。

自己当老板也会出现许多问题，可能会遇到以下烦恼和困难。

①拿自己的积蓄去冒风险。

②不分昼夜地长时间工作。

③无法度假，生病也得不到休息。

④失去稳定的工资收入。

⑤为发工资和债务担忧，甚至拿不到自己的那份工资。

⑥不得不做自己不喜欢的事，如清洁、归档、采购等。

⑦无暇与家人和朋友待在一起。

如果你已经有了一份工作，就要认真考虑是否放弃每月稳定的工资收入、奖金福利，以及养老、医疗、失业保险等社会保障待遇。经营一个企业要承受非常大的压力，你必须考虑将面临的巨大挑战。

务必记住：创业就有可能会失败！一旦失败，你会血本无归。

企业失败的原因很多，如以下几种。

①管理不善，企业主不能很好地管理企业，发现问题不能及时采取行动。

②盗窃和欺骗，员工从企业窃取财物或是偷懒。

③缺乏技能和专门知识——不会管理资金、人员、机器、库存，不懂怎样与客户做生意。

④经验不全面——往往有销售经验，却没有采购经验；有财务经验，却没有生产或销售经验等。

⑤市场营销问题——由于广告乏味、商品质量差、服务不周到以及布置陈设不吸引人，不能招徕足够的顾客。

⑥赊销和现金控制不当——在没有核实顾客支付能力的情况下，允许顾客赊账购物，没有稳妥的收款策略和措施。

⑦支出——没有严格控制诸如差旅、娱乐、营业场地、水电、通信等费用的支出。

⑧某些资产过多——设备和车辆以及非生产性物资过多，缺乏足够的现金维持日常的经营活动。

⑨库存管理不善——存货太多，又无法售出或用于展示。

⑩营业地段不理想——企业设在偏僻的街道，不好找，或离客户太远。

⑪灾害——没有为企业投保，从而因火灾、水灾或其他灾害，使企业遭受损失。

所有这些问题都可以通过有效的培训和经验的积累得到解决。通过对本课程的学习，你将学会如何创办和管理一个企业。

五、增强自己的创业能力

很多人创业获得了成功，但初办企业时，他们并不具备创业必需的所有素质或技能。技术可以学习，素质可以培养，条件可以改善。应当克服自己的弱点，将其转变为优势。

自我评价时，具体考虑以下情况。

①如果技能是弱项，要决定怎样为自己的企业获得这些技能。你可以接受培训，也可以雇佣技术工人或寻找一位有适当技术的合作伙伴。

②如果企业管理能力是弱项，可以通过阅读企业管理方面的书籍学习更多的知识。

③如果行业知识是弱项，也许应该找一位有些经验的合作伙伴，或找一位能提供咨询服务的人。

六、评价个人的财务状况

办企业除了经营能力，还需要有足够的资金。如果没有任何存款，也没有可接受的担保品，就不可能从一家银行或金融机构获得贷款。

如果用自己的积蓄去开办企业，就不能把所有的钱都投进去。因为，如果你没有其他收入来源，所有的生活开支就得从积蓄中支付，直到能靠企业赢利来支撑生活开支为止。一般情况下，一家新企业至少要运转3个月，才会产生足够的利润来支付企业主生活费用。

案例22：海南省古源茶业有限公司

小聂是海口经济学院2022级电子商务（创业与商业管理）专业的学生，也是海南省古源茶业有限公司的负责人。经过他的努力，海南省古源茶业有限公司已经成为一家知名的普洱茶电商企业，不仅帮助众多云南茶农提高了收入，还促进了云南茶文化的传承与发展。小聂的故事激励了更多像他这样的年轻人，勇敢地追求自己的梦想，用实际行动为家乡的发展贡献力量。未来，小聂希望能够继续拓展国际市场，让世界各地的茶叶爱好者都能品尝到来自云南的美味普洱茶。

在云南的深山里，有一片古老的普洱茶园，那里四季如春，云雾缭绕。茶园中住着一个名叫小聂的小孩。小聂自小就与茶叶结下了不解之缘。每天清晨，当第一缕阳光穿透薄雾洒落在翠绿的茶树上时，他就跟着长辈一起进入茶园采茶。年复一年，小聂见证了茶农的辛勤劳动——从早到晚地忙碌于田间，却常常因为信息闭塞而难以将这些珍贵的好茶卖出去。

随着年龄的增长，小聂心中渐渐萌生了一个念头：他想要改变这种现状，让家乡的好茶被更多人所知晓和喜爱。于是，在高考结束后，小聂选择了前往城市求学，来到了海口经济学院并且专攻电子商务相关专业。大学期间，除了努力学习专业知识，他还积极参加各种实践活动，积累经验。

在大学的四年时光里，小聂始终没有忘记自己回乡创业的梦想。他知道，要想实现这个目标，就必须充分利用好大学提供的资源，不断提升自己的能力和见识。

学术探索与实践

大一的时候，小聂便加入了学校的电子商务研究小组，积极参与各种学术讨论和技术交流活动。他不仅深入学习了电子商务的基本理论，还掌握了网络营销、数据分析等实用技能。为了更好地理解市场运作机制，他还选修了市场营销、财务管理等相关课程，力求在理论与实践之间架起桥梁。

创业竞赛的洗礼

从大二开始，小聂就积极参加各类创业大赛，如“挑战杯”“互联网+”等，这些比赛不仅让他有机会展示自己的项目创意，更重要的是，通过与其他团队的交流和评委的指导，他获得了宝贵的反馈意见，不断优化和完善自己的商业计划。在一次全国性的创业比赛中，小聂凭借其独特的商业模式和对市场痛点的精准把握，赢得了评委的高度评价，获得了二等奖的好成绩。

社会实践与调研

除了校园内的学习和比赛，小聂还非常重视社会实践。每逢寒暑假，他都会回到家乡云南，深入茶园和茶农家中进行实地考察，收集第一手资料。通过与茶农的深入交谈，他更加深刻地理解了他们面临的实际困难，同时，也发现了许多潜在的市场机会。例如，在一次调研中，小聂发现当地有一种非常珍贵的野生茶树，但由于缺乏有效的营销手段，这种茶叶的价值一直未被充分挖掘。这给了他很大的启发，后来成了他创业项目中的一个重要组成部分。

团队建设与资源整合

为了确保项目的顺利实施，小聂在校内外组建了一支多学科背景的创业团队。团队成员涉及多个专业，计算机专业的同学负责网站开发，市场营销专业的同学负责品牌推广，熟悉法律事务的同学负责处理公司注册、知识产权保护等问题。通过团队成员的共同努力，小聂的创业项目逐渐成形，并得到了学校创业基金的支持。

大学四年的经历，不仅让小聂学到了专业知识，更重要的是培养了他的创新思维和问题解决能力。这段宝贵的经历为他日后回乡创业奠定了坚实的基础，使他在面对各种挑战时保持冷静和自信。

假期之际，小聂回到了自己的故乡，用自己学到的知识帮助乡亲销售茶叶。起初，他的想法遭到了不少质疑："我们这儿交通不便，网络也不发达，怎么可能通过网络卖茶呢?"面对这样的声音，小聂并没有放弃。他首先着手改善村里的网络条件，其次开始教授村民如何使用互联网进行交易。

创业之路充满艰辛。刚开始时，由于缺乏知名度，店铺销量并不理想。但是小聂没有气馁，而是更加用心地研究市场需求，不断优化产品和服务。同时，他还利用社交媒体平台讲述着关于这片土地的故事——那些关于茶、关于自然、关于人们之间温暖联系的故事。慢慢地，越来越多的人被吸引过来，不仅购买了茶叶，还成了忠实粉丝。

经过几年的努力奋斗，小聂和他的团队终于成功建立起了一条从茶园直达消费者的销售渠道。更重要的是，他们让外界认识到了这片美丽而又神秘的土地以及它背后的文化价值。如今，每当有人问起成功的秘诀时，小聂总是笑着说："其实很简单，就是坚持做自己喜欢并且认为正确的事情。"

第二节　组建创业团队

组建适合的团队是实现共同目标、创造更大价值的关键。在现代社会，几乎没有任何一项复杂的任务能够仅凭个人的力量完成。一个优秀的团队能够会聚不同背景、不同专业、不同技能的人才，实现资源的优化配置和优势互补。团队成员之间的协作与配合，能够产生强大的凝聚力和战斗力，攻克个人难以解决的难题，取得远超个人能力之和的成果。合理的团队组建能够营造积极向上的工作氛围，激发成员的创造力和工作热情，提高工作效率和质量。

然而，团队组建也面临着诸多挑战，如何选择合适的成员、如何明确团队的目标和角色分工、如何建立有效的沟通和协作机制等，都是需要我们认真思考和解决的问题。

一、大学生应该如何组建创业团队

（一）明确创业目标和愿景

确定创业方向：明确团队的创业目标，确定创业方向和市场定位，确保团队成员有一致的理解和认同。

制定长远愿景：制定肩负远大愿景的目标，激励团队成员为之努力，并坚定信心和决心。

（二）寻找合适的团队成员

技能与能力互补：寻找具备不同技能和能力的团队成员，确保团队能够全面发展和有效运作。例如，团队成员中有的擅长技术，有的擅长市场，有的擅长管理。

价值观一致：确保团队成员有共同的价值观和理念，以便在面对挑战和决策时能够形成一致的合作。

团队成员特质：成员应对创业有兴趣、有激情、有行动力，并且具备一定的心理承受能力、吃苦肯干、善于合作、预见能力强。

（三）建立良好的团队氛围和沟通机制

开放和信任的氛围：鼓励团队成员之间的开放沟通，建立信任和尊重的关系，减少沟通障碍。

团队会议：定期召开团队会议，分享进展，汇报问题，讨论解决方案，提高协作和沟通效率。

（四）明确团队分工与职责

组织架构设计：进行初期的组织架构设计，确保团队结构简单、高效，便于沟通交流与操作执行。

明确职责与权利：明确各自的职责与权利，包括组织所赋予的职责与权力范围，以及团队成员的授权范围。同时，职责的安排无须一成不变，可以根据实际情况进行职责轮换。

（五）制定激励机制与回报体系

制定合理的激励机制：建立明确的激励机制，如分配股权、提供股票期权、设立奖励计划等，激励团队成员的积极性和创造力。

公平公正的回报：确保团队成员的辛勤付出和贡献得到公平公正的回报，建立公平的薪酬体系和职业发展通道。

（六）培养创新与适应能力

鼓励创新思维：培养团队成员的创新思维和创造力，并鼓励他们提出新的想法和解决方案。

提高适应能力：团队成员需要具备应对不确定性和变化的能力，培养适应环境变化和团队发展的能力。

（七）持续学习与反思

学习新知识和技能：鼓励团队成员持续学习新的知识和技能，保持敏锐的行业洞察力和专业能力。

反思和总结经验：定期反思团队的工作和经验，总结成功的经验和失败的教训，不断改进和提高团队整体能力。

（八）团队磨合与调整

磨合期问题处理：在团队创建初期，会经历一个磨合期。创业者要密切关注团队成员之间的合作情况，及时规避可能出现的问题。

灵活调整团队：如果发现有的伙伴不适合与自己继续创业，创业者应果断进行调整，确保团队的高效运作。

二、大学生创业团队遇到的常见问题及解决办法

大学生创业团队在创业过程中会遇到多种常见问题，但通过提升管理水平、加强团队合作与协调、积极筹集资金并合理使用、深入了解市场和竞争对手、建立明确的品牌定位，以及寻求导师和行业专家的指导等办法，这些问题

都可以得到有效解决。

（一）团队管理问题及解决办法

1. 缺乏管理理论基础

问题：大学生创业团队往往缺乏系统的管理理论基础，导致团队在决策、协调、沟通等方面出现问题。

解决办法：团队成员可以通过参加管理培训课程、阅读相关书籍、向有经验的管理者请教等方式，提升自身的管理知识和技能。同时，团队内部可以建立定期的学习和交流机制，共同分享管理心得和经验。

2. 团队成员合作缺乏协调性

问题：团队成员之间的合作不够协调，导致团队整体效率低下。

解决办法：团队成员应明确职责和分工，建立有效的沟通渠道和协作机制。通过定期的团队建设活动和沟通会议，增强团队成员之间的信任和默契。

3. 个人目标与团队目标冲突

问题：团队成员的个人目标与团队整体目标不一致，导致团队内部矛盾。

解决办法：团队在成立之初，就明确团队的整体目标和愿景，并与团队成员进行充分的沟通和讨论。同时，建立合理的激励机制和回报体系，确保团队成员的个人利益与团队整体利益相协调。

（二）资金筹集问题及解决办法

1. 创业资金不足

问题：大学生创业团队通常缺乏足够的创业资金，导致项目难以推进。

解决办法：积极寻找创业竞赛、基金项目、创业贷款等资金来源，同时寻求家人、朋友或投资机构的支持。此外，还可以通过商业计划书向潜在投资者展示项目的潜力和价值，争取他们的投资。

2. 资金使用不当

问题：部分团队在筹集到资金后，未能合理使用，导致资金浪费。

解决办法：制订详细的财务计划和预算，确保资金的使用合理、高效。同时，建立严格的财务管理制度，对资金的流向和使用情况进行实时监控与审计。

（三）市场竞争问题及解决办法

1. 市场竞争激烈

问题：当前市场竞争激烈，大学生创业团队难以脱颖而出。

解决办法：深入了解目标市场和竞争对手，找到市场的空白点和差异化竞争优势。通过不断创新和改进产品或服务，提高质量和性能，满足消费者的需求，保持竞争力。

2. 品牌定位不明确

问题：一部分团队在品牌定位上不够明确，导致消费者认知模糊。

解决办法：建立独特的品牌定位，通过品牌传播和营销活动，提高品牌知名度和美誉度。同时，注重消费者体验和服务质量，建立起消费者对产品或服务的信任和认同感。

（四）其他常见问题及解决办法

1. 缺乏实践经验

问题：大学生创业团队通常缺乏实践经验，导致在创业过程中遇到各种困难。

解决办法：积极参与创业活动和培训，多参加创业讲座、沙龙、培训课程等活动，学习行业知识和实践经验。同时，寻找导师和行业专家的指导与建议，借鉴他们的经验和洞察力。

2. 时间管理与学业冲突

问题：大学生创业者在创业和学业之间往往难以平衡。

解决办法：合理规划时间，设定创业和学业的优先级，并制定相应的日程安排。同时，充分利用碎片化时间，提高时间利用效率。

案例23：毕业生小李等四兄弟创业事迹

小李、小赵、小关和小郑在大学里是同班又同寝室的兄弟，毕业后曾一起创业。他们顶住了压力，克服了困难，从惨淡经营到生意起色，付出了常人难以想象的艰辛。几年过后，他们有的退出团队，离开海南，有的坚持下来。

在海口国贸某咖啡厅，28岁的小李缓缓地向记者讲述他们的创业故事。这是2013年6月5日的上午，距他撤出创业团队，已经过去了两年，但那段创业的日子他永难忘记。电影《中国合伙人》，他看了好几遍，每次看都特别想哭，特别有感触。他是海口经济学院2005届学生，他学的是连锁经营管理专业。

来自黑龙江的他，与来自河北的小赵、广东的小关和河南的小郑是同班同学且在一个宿舍里住了三年，情同手足。

小李喜欢看央视的创业栏目《赢在中国》。一次，他看到这个栏目在介绍金河软件的成长历程，被这个故事所吸引，于是想加盟代理这个产品。正好他两个同窗在澳门葡京大酒店工作得也不顺，他一招呼，四个同窗决定一起创业。他们拿下了金河软件的海南代理，但很快就做不下去了。“我们年纪小，经验不足，也没有人脉。”开始他们还能吃老本，但很快就支撑不下去。“有一晚，一个兄弟吃夜宵回来说，外面卖夜宵挺挣钱的，要不我们一起卖烧烤吧！”大学的时候，他们也都经常去海口假日海滩烧烤，觉得搞烧烤应该不难。说干就干，他们很快就在海口海甸二东路租了一个门面开起了烧烤店，起名“汇友烧烤”，为了招徕客人，他们还打出了“大学生创业”的招牌。但生意冷清得让他们意外。“最惨的一次，一晚上只卖了27元。第一个月交完房租，付完水电费，我们四个人连吃饭的钱都没挣到。”

对面一家东北烧烤店生意却十分红火，他们每天就看着别人做生意。两个多月后，东北烧烤店因铺面纠纷要搬走了。小李登门请东北老乡吃饭，向他请教烧烤经验。东北老乡手把手地教他饭店最吃香的几道烧烤菜。兄弟们开始改进配方，一个冬天的惨淡经营却没换来生意上的起色。

以小李今天的眼光来看，当年他和兄弟们的创业想法未免简单和天真，考虑不周全。“卖软件是过于相信电视上的美言，做烧烤只看到了人家赚钱的一面，却完全没有想到背后的艰辛付出。刚毕业的学生把创业想得太美好了。”

小李告诉记者，创业的辛苦，是大家始料未及的。“每天只睡四五个小时。天天如此。”他早上6时起床，去采购烧烤物料，回来后再把所有的肉一一切好、腌好，把所有的烧烤料物洗净准备好后放入冰箱。其他三个弟兄是中午1时起来，然后忙着串菜，搞卫生，一直忙到深夜。有时候碰到客人不走，他们甚至天亮了才能回去。

在慢慢的摸索中，第二年开春，烧烤店的生意开始有起色。生意最好的时候，他们每人每月能收入1万元。但相对于他们的付出，这样的收入显得更为沉重。但渴望成功的他们，不怕辛苦，坚持干了下去。

新的打击接踵而来。在不知晨昏的忙碌中，小李和另一个好兄弟都痛失了大学处了三年的女友。

“一门心思都在想着烧烤店的经营，又觉得跟女友的感情很深很稳定，当时就认为不花多少时间陪她也是没关系的。”小李说。毕业后，小李女友做销售收入很高，他卖烧烤，多劳少得，接触的客户不同，工作的环境不同，慢慢地两个人就有了“距离”，争吵慢慢变多，矛盾越来越深，最后不得不分手。而对另一个兄弟来说，分手的原因，女友直接说是“经济”问题。“我的兄弟有一年多的时间没走出这个阴影。”

小李说他是因为经营思想的分歧选择退出创业的，另外两个兄弟后来也因各种因素退出，离开了海南，最后只剩下小赵一人还在坚持经营那个烧烤店。

小李仍经常光顾剩下小赵一人的烧烤店。四年的经营，小店生意也逐渐稳定了。小赵依靠这个小店挣出了房贷首期，快要结婚了。

小李说他很佩服小赵能一直坚守，毕竟这个店是他们兄弟几个创办的。“他是那种随遇而安的人，天生是个不爱操心的人，不会有过多想法反而能坚持下来。想法多，面临的选择也多，选择多，面临的诱惑也就多，会让你看不清哪种选择才是最适合自己的方向。”他说。如今小李选择在海南的一家典当公司当职员，他说准备踏踏实实地工作几年再说。“有时候我们会想，如果当年没选择干这个，而是去了北上广，也许会跟现在大不一样。但我们通常又会相视而笑，也许还不如现在呢。”

现在创业的梦想仍会在心底激荡，但不会那么容易冲动了。小李告诉记者，另外两位离开海南的兄弟打算再回来，将来有机会，他们还会一起干。“如果我有好的项目，首先想到的还是他们，因为他们是我最信任的朋友。”

问他有什么建议给想创业的学弟学妹，他脱口而出三个字：“别着急！”他说，遇到一个项目，你要先考虑最坏的结果，要考虑可能出现的困难你能否承受，才决定是否创业。

他说：“如果你可以365天休息不到7天，每天从事高强度的劳动；而在感情方面，可能面临两年都不会有任何偶遇和邂逅的情况，可能会有两年没有时间陪女朋友；没有任何娱乐，甚至连上网的时间都没有，如果你能做到这些，那么你就创业吧！”

思考题：

1. 大学生创业前如何进行自我评估？
2. 优秀的创业团队具备哪些特点？

第四章　市场评估与创业构想

在当今瞬息万变的商业世界里，市场如同一片广袤而又充满变数的海洋，时刻涌动着机遇与挑战的浪潮。市场的规模、增长趋势、竞争格局以及消费者行为等要素，都在不断地发生着变化，这些变化不仅影响着企业的生存与发展，也关系着投资者的决策和整个行业的走向。

对市场进行全面、深入的评估，就像是为企业在这片海洋中航行绘制精准的航海图。它能够帮助企业清晰地了解市场的现状和未来发展趋势，明确自身在市场中的定位，发现潜在的市场机会，同时，也能提前识别可能面临的风险和挑战。市场评估报告旨在运用科学的方法和严谨的分析，对目标市场进行系统的研究，为决策者提供有价值的参考依据，助力企业在激烈的市场竞争中乘风破浪，实现可持续发展。

第一节　评估创业市场

市场是商品经济的产物，只要有商品生产和商品交换，就必然存在市场。我们在进行市场评估之前要对市场规模进行分析，市场规模是指市场的大小、购买者的人数，又称“市场容量”。市场规模的大小与竞争性可能直接决定了对新产品设计开发的投资规模。市场评估是衡量你所要创办生产的产品或提供的服务有没有市场，指明企业的发展方向。它告诉你谁是你的顾客，他们需要什么，你怎样满足他们的需要并从中获得利润。了解顾客、了解竞争对手、营销中的4C营销理论和销售预测是进行市场评估的核心内容，接下来，我们要深入学习这四部分内容。

一、了解顾客

（一）意义

顾客是企业的根本，如果不能以合理的价格向他们提供他们想要的产品，他们就会到别处去购买。而对你感到满意的顾客会成为回头客，他们会向自己的朋友和其他人宣传你的企业。让顾客满意，就意味着会给你带来更多的销售额和更高的利润。顾客购买产品或服务是为了满足不同的需求，如以下方面。

一是顾客购买自行车，是因为他们需要交通工具。

二是顾客购买漂亮衣服，是为了使自己的外表更美观得体。

三是顾客购买电视机，是为了获得信息和娱乐。

四是顾客购买防盗门，是为了居家安全。

解决了顾客的问题，满足了他们的需要，企业就有可能成功。

案例24：乐高的生死转型：一个8岁男孩如何拯救百年玩具帝国

在丹麦，有一家历史悠久且闻名遐迩的玩具制造商——乐高公司。它诞生于20世纪30年代，创始人奥勒·基奥克是一位手艺精湛的木匠。起初，奥勒热衷于制作木质小玩具，尽管玩具常常滞销，但他始终怀揣着对玩具事业的热爱，从未放弃。后来，他设计的拼插玩具“约约”大受欢迎，1934年，他为自己的积木玩具正式设计了“乐高”商标。

1940年，丹麦被德军占领，政府禁止进口玩具，还限制在玩具中使用金属和橡胶，却为木制玩具带来了前所未有的发展机遇。乐高公司抓住这个机会，产量在1940—1942年实现了翻倍增长。1947年，奥勒做出了一个大胆的决定，投入巨资发展塑料玩具，使乐高成为丹麦第一家拥有塑料注射成型机的玩具制造商。1949年，第一块乐高塑料积木问世。1958年，具有现代雏形的乐高积木在哥本哈根申请了专利。

此后，乐高不断发展壮大。1958—1978年，哥特弗雷德接班后，将乐高从单纯生产单个玩具转变为创造整个游戏系统，开发出不同玩具之间互相关联的综合体系，让所有积木都具备向前兼容性，形成了重复销售的模式。1979—1994年，凯尔担任总裁，围绕乐高游戏系统建立起有效的管理体系，乐高迎来了长达15年的高速增长期，产品线也日益丰富，乐高人仔的出现更是让乐高游戏系统能够在更大范围内扩展和兼容，为儿童创造出身临其境的拼砌体验。

然而，到了1994年，尽管乐高帝国看似处于积木玩具的巅峰，占据了北美市场80%的拼搭玩具份额，还随着“冷战”铁幕的消融将产品推向了东欧及苏联的千家万户，年营收近10亿美元，与美泰、孩之宝等共同执掌全球玩具产业权杖，但在哥本哈根总部，第三代掌门人克伊尔德·柯克·克里斯蒂安森敏锐地察觉到销售额年均增速跌破了保持50年的两位数。

世纪之交，儿童的玩耍方式发生了巨大的范式转变，娱乐产业的众多强劲对手纷纷加入竞争。乐高积木等经典玩具面临着世嘉和任天堂电子游戏的猛烈冲击，还要与迪士尼、华纳兄弟和苹果等娱乐巨头争夺儿童有限的注意力。这些新型娱乐形式凭借更丰富的感官刺激，逐渐瓦解了传统玩具的市场根基。

为了应对这场危机，乐高采取了一系列应激式的自救措施。引入外部职业经理人，如杰斯珀·奥维森担任CFO，提拔约恩·维格·克努德斯道普设计转型战略；在产品线方面进行超载扩张，1994—1998年，平均每年推出5组新的主题系列玩具，SKU数量增加两倍多，还推出“非积木”产品，试图与芭比娃娃等竞争，并且不断追加投资；同时，对品牌资产进行透支式变现，大规模涉足非核心领域，如游戏开发、主题乐园、衍生品等。

短期内，这些举措取得了显著成效，1999年公司营收暴涨68%，星战和哈利波特等IP产品线销量大幅增长。但好景不长，到了2004年，问题逐渐浮出水面。新业务与积木核心产品脱节，导致品牌形象变得模糊；过度依赖外部IP，星战系列销售高度依赖电影上映周期，电影淡季销售急剧下滑；跨界风险不断放大，“异次元防卫者”系列投入1600万美元却迅速失败。乐高的债务危机日益加重，甚至到了需要出售公司的地步，就连克伊尔德也开始对公司的未来感到迷茫。

就在乐高集团陷入绝境，急需进行底层重构的时候，一次偶然的考察为公司带来了转机。2004年初，乐高考察团来到德国的一个中型城市进行市场调研，他们的目的是深入了解顾客需求，尤其是儿童对玩具的真实想法。

考察团成员在当地的一个社区里遇到了一个8岁的小男孩，他是个忠实的乐高迷，家里收藏了很多乐高玩具。考察团的一位成员亲切地和小男孩交流起来，他摸了摸小男孩乱糟糟的头发，问道：“小家伙，能给我看看你最喜欢的东西吗？”成员原本以为小男孩会兴奋地捧出一套心爱的乐高积木，可没想到，小男孩毫不犹豫地指向自己脚上那双破旧的运动鞋。

小男孩眼睛里闪烁着自豪的光芒，兴高采烈地解释道：“这是我参加滑板运动时获得第一名的奖励！它证明了我是这个城市最棒的滑板玩家！”这位考察团成员听后，瞬间愣住了，他的脑海中开始思索：儿童要想在同龄人中获得社会存在感，就一定要具备一种超出常人的技能。那双运动鞋无论价格有多低、有多破旧，却是小男孩高超滑板技能的见证，而乐高玩具，无论有多好玩，都难以证明他拥有某项超出常人的技能，难以为他带来真正的荣誉感。

这个发现让考察团成员意识到，乐高之前的产品虽然注重趣味性，但忽略了儿童内心深处对于通过玩具获得成就感和社会认可的需求。儿童不仅是想要玩得开心，更希望通过玩具展示自己的能力，获得他人的赞赏和尊重。

考察团成员回到公司后，立刻将这个重要发现告诉了管理层。乐高管理层经过深刻反思，认识到乐高最强大的根本还是积木，真正的价值在于提供“组装体验”。他们决定调整方向，在随后的产品研发中，更加注重满足顾客需求，尤其是儿童内心对于成就感和社会认可的渴望，而非一味地追求玩具的趣味性。

乐高不仅为积木重新设定了标准尺寸，还增加了更多的小块积木，以提高组装的难度和挑战性。更重要的是，乐高在设计玩具时，不仅考虑让儿童玩得开心，还加重了游戏的难度和挑战度，旨在让一部分儿童在智力和动手能力上脱颖而出，通过完成高难度的积木组装获得成就感，进而获得社会存在感。

一时间，街头巷尾到处都能看到儿童扎堆玩乐高的身影，还有很多人自发组织了民间“乐高拼接大赛”，用难度极大的积木游戏进行竞技挑战。在比赛中展示自己的创意和技能，获得了其他小伙伴的赞赏和认可，乐高玩具成了他们展示自我的舞台。

乐高通过这次转型，成功地满足了顾客需求，重占鳌头，扭转了惨败的销售状况，实现了生死转型，继续在玩具帝国的道路上熠熠生辉。这次经历也让乐高深刻认识到，只有深入了解顾客需求，不断调整和创新产品，才能在激烈的市场竞争中立于不败之地。

（二）有关信息

收集顾客的信息，也就是做顾客方面的市场调查，这对任何创业计划来说都是很重要的。为了了解顾客的情况，你可以提出下面这些问题。

①你的企业准备满足哪些顾客群的需要？把你准备提供的产品或服务列一张清单，并记录顾客需要的产品或服务的种类。你针对的顾客是男士还是女士，是老人还是儿童？其他企业也可能成为你的潜在顾客。把所有可能影响你的企业的方面写下来。

②顾客想要什么产品或服务？每种产品或服务的哪方面最重要？

③顾客愿意为每个产品或每项服务付多少钱？

④你的顾客一般在什么地方和什么时间购物？

⑤他们多长时间购一次物？

⑥他们购买的数量是多少？

⑦顾客数量在增加吗？能保持稳定吗？

⑧为什么顾客购买某种特定的产品或服务？

⑨他们是否在寻找有特色的产品或服务？

通过做顾客调查，就可以得到上述这些问题的可靠答案，有助于判断你的企业构思是否可行。

（三）收集顾客信息的方法

市场调查的方法多种多样。做顾客需求调查的方式有以下几种。

第一，情况推测——如果你对一种行业很了解，可以凭自己的经验进行预测。

第二，利用行业渠道获得信息——可以从业内人士那里了解本行业市场大小方面的有用信息。要了解某一产品的市场份额以及顾客的需求和意见并不难，可以与该产品的主要销售商（批发商）聊聊，听听他们怎样说，也可以通过阅读行业指南、商业报刊了解你需要的信息。

第三，抽样访问你选定的那部分顾客——与尽可能多的潜在顾客交流，看一看到底有多少人想买你的产品。

案例25：可口可乐的营销故事

可口可乐公司在调查客户需求时，采用了多种科学且系统的方法，以确保能够全面、准确地了解市场情况和消费者需求。以下是可口可乐公司调查客户需求的主要方式。

第一，定量调研。

问卷调查：可口可乐公司通过设计详细的问卷调查，广泛收集消费者的反馈和意见。问卷内容可能涵盖购买频率、购买渠道、口味偏好、品牌形象评价、价格敏感度等多个方面。

问卷调查可以通过线上（如社交媒体、电子邮件、公司官网等）和线下（如实体店、超市等）两种方式进行，以覆盖更广泛的消费者群体。

数据分析：收集到的问卷数据会通过专业的统计软件进行整理和分析，以提炼出有价值的信息和结论。

第二，定性调研。

访谈与小组讨论：可口可乐公司会组织消费者访谈和小组讨论，与消费者进行深入的交流和讨论。这种方式有助于了解消费者的真实想法和感受，以及他们对可口可乐产品的具体需求和期望。

通过访谈和小组讨论，公司可以收集到更加具体和生动的消费者反馈，为产品改进和市场策略制定提供有力支持。

观察法：公司还可能采用观察法，通过实地观察消费者的购买行为和使用习惯，了解他们在真实场景中的需求和偏好。

第三，口味测试与概念测试。

口味测试：在新产品开发或现有产品改进过程中，可口可乐公司会进行口味测试。通过让大量消费者尝试不同的产品配方或口味变体，并收集他们的反馈意见，以确定最受欢迎的产品口味。

概念测试：在产品概念阶段，公司还会进行概念测试。通过向消费者展示产品概念、包装设计、品牌形象等元素，并收集他们的评价和购买意愿，以评估产品概念的吸引力和市场潜力。

第四，竞争对手分析。

可口可乐公司会密切关注竞争对手的动态，通过市场调研了解竞争对手的产品特点、市场份额、营销策略等信息。这有助于公司更好地定位自己的产品和市场策略，以应对市场竞争。

第五，社交媒体与大数据分析。

随着互联网和社交媒体的普及，可口可乐公司越来越重视社交媒体和大数据分析在市场调研中的应用。通过社交媒体平台收集消费者的反馈和意见，以及利用大数据分析技术挖掘消费者的行为模式和偏好趋势，为公司的市场策略制定提供有力支持。

可口可乐公司通过多种调研方法和工具相结合的方式，全面、系统地调查客户需求。这些方法和工具的应用不仅有助于公司了解市场情况与消费者需求，还为公司的产品创新、市场策略制定和渠道拓展提供了有力支持。

二、了解竞争对手

在企业经营过程中，了解竞争对手是至关重要的，因为这有助于企业制定更加精准的市场策略、产品规划和竞争对策。

1. 市场研究

行业报告：购买或订阅行业研究报告，这些报告通常由专业的研究机构或咨询公司编制，包含行业趋势、市场规模、竞争格局等信息。

市场调研：自行或通过第三方机构进行市场调研，收集并分析市场数据，包括竞争对手的市场份额、用户满意度、品牌认知度等。

2. 竞争对手分析

竞品分析：详细分析竞争对手的产品或服务，包括功能、价格、品质、用户评价等，以了解其在市场中的定位和优势。

营销策略分析：研究竞争对手的广告宣传、促销活动、销售渠道等营销策略，分析其效果和市场反应。

财务数据分析：如果可能，获取并分析竞争对手的财务数据，如营收、利润、成本结构等，以评估其经济实力和市场表现。

3. 社交媒体与在线监测

社交媒体监控：关注竞争对手在社交媒体平台上的动态，包括发布的内容、用户互动情况等，以了解其品牌形象和用户反馈。

在线评论与论坛：浏览与竞争对手相关的在线评论和论坛讨论，了解用户对其产品或服务的真实看法。

搜索引擎优化与网站分析：使用搜索引擎优化工具分析竞争对手的网站流量、关键词排名、反向链接等情况，了解其在线营销策略的效果。

4. 参加行业活动与展览

行业会议与展览：参加与行业相关的会议和展览，与竞争对手的代表直接交流，了解其最新产品、技术和市场战略。

建立人脉网络：在行业内建立广泛的人脉网络，包括竞争对手的员工、供应商、客户等，以获取更多内部信息和市场情报。

5. 客户访谈与调研

客户访谈：与现有客户和潜在客户进行深入访谈，了解他们对竞争对手的看法和评价，以及他们的需求和期望。

客户满意度调研：定期进行客户满意度调研，收集并分析客户对竞争对手和自身产品的满意度与反馈。

6. 合法合规与情报收集

合法合规：在收集竞争对手信息的过程中，务必确保遵守相关法律法规和道德规范，避免侵犯商业秘密或进行不正当竞争。

情报收集：在合法合规的前提下，利用专业的情报收集工具和方法，获取竞争对手的敏感信息和市场动态。

企业需要综合运用多种方法和渠道了解竞争对手，从多个角度进行深入分析和研究。通过全面了解竞争对手的市场表现、产品策略、营销策略和财务状况等信息，企业可以更加精准制定市场策略和产品规划，提高市场竞争力。

案例26：京东收集信息的方法

京东收集竞争对手信息的方法多样且全面，旨在深入了解市场动态和竞争对手的优劣势。

1. 利用京东平台的数据分析工具

京东商智等工具：京东平台提供了诸如京东商智等数据分析工具，这些工具可以帮助京东卖家收集和分析竞争对手的销售数据、用户评价、运营活动等关键信息。通过这些数据，京东可以了解竞争对手的市场表现、产品策略和用户反馈。

2. 监测竞争对手的网站和社交媒体

搜索引擎优化工具：使用搜索引擎优化工具（如Ahrefs、SEMrush、Moz等）监测竞争对手的网站流量来源、关键词排名和反向链接情况。这些工具能提供竞争对手在搜索引擎上的全面表现，帮助京东了解竞争对手的营销策略和效果。

社交媒体监测：通过关注竞争对手的社交媒体账号（如微博、微信公众号、抖音等），收集其发布的最新动态、用户反馈和营销活动信息。这些信息有助于京东了解竞争对手的品牌形象、用户互动情况和市场策略。

3. 竞品分析报告和竞品分析工具

定期制作竞品分析报告：总结竞争对手的市场表现、产品策略和用户反馈，为京东提供全面的竞争对手分析。这些报告通常包括市场概况、竞争对手概述、产品对比、用户评价、市场趋势和策略建议等内容。

使用竞品分析工具：利用竞品分析工具（如Tableau、Power BI等）对收集到的竞品数据进行可视化展示和分析，快速理解数据背后的信息和趋势，提升数据分析的效率和准确性。

4. 第三方市场调研和报告

市场调研机构：委托专业的市场调研机构进行竞品分析，获取专业的竞品分析和行业洞察。这些机构通常具有丰富的数据资源和专业的分析能力，能够提供准确的竞品信息和市场趋势预测。

行业分析报告：参考知名的市场研究机构（如艾瑞咨询、Gartner等）发布的行业分析报告，了解行业动态和竞品情况。这些报告通常包含行业趋势、市场规模、竞争格局以及竞品对比分析等内容。

5. 实地考察和访谈

实地考察：亲自参观竞争对手的店铺、展览或活动，直接了解竞争对手的产品、服务、营销策略等。这种方式能够获取到直观且真实的信息，但成本和时间投入较高。

访谈竞品用户：通过访谈竞品用户，了解他们对竞品的满意度、需求以及使用体验等。这种方式能够获取到用户真实的声音，有助于发现竞品的优缺点。

6. 自动化监测工具

利用自动化工具跟踪竞争对手网站上的产品信息，如价格变化、库存更新、产品描述和用户评价等。这些工具能够实时收集竞品数据，为京东提供及时的市场反馈和竞争情报。

京东通过多种渠道和方法收集竞争对手的信息，以全面了解市场动态和竞争对手的优劣势。这些方法不仅有助于京东制定有效的市场策略和产品规划，还能够帮助其在激烈的市场竞争中保持领先地位。

三、营销方法及案例介绍

市场营销中的4C是指顾客（Customer）、成本（Cost）、便利（Convenience）和沟通（Communication），这四个要素共同构成了4C营销理论。这一理论由美国营销专家劳特朋教授在1990年提出，旨在强调以消费者需求为导向的市场营销策略。

顾客：这是4C营销理论的核心，即将顾客需求放在首位。企业需要深入了解和研究顾客，根据顾客的需求提供产品或服务，并注重创造客户价值。这意味着企业必须从消费者的角度出发，关注消费者的真实需求和期望。

成本：这里的成本不仅指企业的生产成本，更包括顾客的购买成本。企业需要通过优化生产流程、降低生产成本以及提供合理的价格策略降低顾客的购买成本，从而提高产品的性价比。此外，顾客的购买成本还包括时间、体力和精力消耗，以及购买风险等因素。

便利：便利性是企业提供产品或服务时必须考虑的重要因素。企业需要在制定分销策略时，更多地考虑顾客的方便性，通过好的售前、售中和售后服务让顾客在购物的同时享受到便利。这包括提供方便的购买渠道、简化购买流程、提供优质的售后服务等。

沟通：沟通是4C营销理论中的关键要素。企业需要与顾客建立有效的沟通渠道，了解顾客的需求和反馈，并及时调整营销策略。同时，企业还需要通过有效的沟通手段传递产品信息和品牌价值，增强顾客对产品的认知和信任。这不是企业单向的促销和劝导顾客，而是在双方的沟通中找到能同时实现各自目标的途径。

综上所述，4C营销理论强调以消费者需求为导向，通过深入了解顾客需求、降低顾客购买成本、提供购买便利以及加强与顾客的沟通构建企业的营销策略。这一理论为企业提供了更加全面和深入的视角审视市场营销活动，有助于企业更好地满足消费者需求并提高市场竞争力。

案例27：太太药业的温情营销

故事背景：20世纪90年代，中国职业女性群体逐渐崛起，她们注重外表，追求美丽与健康。太太药业敏锐地捕捉到了这一市场需求，决定推出两款针对不同年龄段女性的保健品。

顾客：太太药业深入研究女性消费者的需求，发现她们不仅需要美容养颜的产品，还需要关怀和理解。于是，太太药业将产品定位为“打造魅力女性”和“关怀中年女性”的保健品。

成本：在定价上，太太药业并没有急于给出产品的市场价格，而是先调查女性消费者愿意为这类产品支付多少成本。通过市场调研，他们发现消费者愿意为高品质、有情感共鸣的产品支付较高的价格。因此，他们才能使定价既符合消费者心理价位，又能保证企业盈利。

便利：太太药业在销售渠道上，选择了多种便利的购买方式，包括药店、超市以及电商平台，方便消费者随时随地购买。同时，他们还提供了详尽的产品说明和售后服务，让消费者在购买和使用过程中感到方便与安心。

沟通：太太药业的广告策略非常贴心，如太太口服液的“十足女人味”“做女人真好”，以及静心口服液的“女人更年要静心”，这些广告词直击女性消费者的内心，引发了强烈的情感共鸣。通过持续的广告推广和与消费者互动，太太药业建立了良好的品牌形象和口碑。

案例28：7天连锁酒店的便捷体验

故事背景：在经济型酒店市场竞争激烈的背景下，7天连锁酒店以其独特的营销策略脱颖而出，成为众多商务人士和背包客的首选。

顾客：7天连锁酒店深入分析目标顾客群体——中小企业商务人士和背包客的需求，发现他们更看重住宿的经济性和便捷性。因此，7天连锁酒店将这些需求融入酒店的设计和服务中。

成本：为了控制成本，7天连锁酒店并没有在硬件设施上过度投入，而是注重实用性和温馨感。他们通过精简不必要的服务和设施，降低了顾客的住宿成本，同时保持了酒店的品质和舒适度。

便利：7天连锁酒店非常注重为顾客提供便捷的住宿体验。他们的分店大多位于交通便利的地方，方便顾客出行。同时，酒店还提供了多种便捷的预订方式，包括互联网、电话、App等，让顾客可以随时随地预订房间。此外，酒店还提供了24小时客服服务和完善的自助服务设施，让顾客在住宿过程中感到方便快捷。

沟通：7天连锁酒店注重与顾客的沟通互动。他们通过会员制度、积分政策等方式鼓励顾客参与酒店的活动和反馈意见。同时，酒店还定期举办会员主题座谈会等活动，与顾客面对面交流，了解他们的需求和期望，以便不断改进和提升服务质量。

案例29：星巴克的体验式营销

故事背景：星巴克作为全球知名的咖啡品牌，以其独特的体验式营销策略吸引了无数消费者的喜爱。

顾客：星巴克深知消费者不仅是购买一杯咖啡，更是在享受一种生活方式和情感体验。因此，星巴克致力于打造一个舒适、温馨、有格调的消费环境，满足顾客对品质生活的追求。

成本：虽然星巴克咖啡的价格相对较高，但消费者愿意为这种高品质、有特色的消费体验买单。星巴克通过提供优质的咖啡豆、独特的制作工艺和个性化的服务体验，让顾客感受到物有所值。

便利：星巴克在选址上非常注重便利性，他们的分店大多位于商业区、办公区等人流密集的地方，方便顾客随时随地光顾。同时，星巴克还提供了便捷的在线预订、移动支付等服务方式，让顾客可以更加方便快捷地享受咖啡时光。

沟通：星巴克非常注重与顾客的沟通互动。他们通过社交媒体、会员制度等方式与顾客保持密切联系，分享咖啡文化、新品信息和优惠活动等内容。同时，星巴克还鼓励顾客在店内交流和分享自己的故事和感受，营造一个充满人文关怀和温情的消费氛围。

这三个案例充分展示了4C营销理论在营销实践中的成功应用。通过深入了解顾客需求、控制成本、提供便利的购买体验以及加强与顾客的沟通互动，企业可以打造出独特的品牌形象和竞争优势，赢得消费者的信任和喜爱。

四、销售预测

在企业经营过程中，销售预测是一项至关重要的工作，它能够帮助企业更好地规划市场策略、采购计划和销售策略，从而提高营销效益和盈利能力。销售预测需要从以下方面着手。

1. 基于历史数据的销售预测

原理：通过分析过去的销售数据，识别销售趋势、季节性变化、市场需求等因素，预测未来的销售情况。

工具：回归分析、时间序列分析等统计模型，如ARIMA模型、指数平滑模型等。

注意事项：企业需要具有足够的历史销售数据，并采用科学的数据分析技术和工具进行分析。

2. 基于市场调研的销售预测

原理：通过市场调研收集的数据，分析市场需求、竞争情况、消费者偏好等因素，预测未来的销售情况。

工具：SWOT分析、竞争对手分析等。

注意事项：企业需要具有足够的市场调研数据，并确保数据的准确性和时效性。

3. 基于销售团队的预测

原理：利用销售团队的意见和经验，结合市场情况和客户反馈，预测未来的销售情况。

优势：销售团队通常具有丰富的市场经验和敏锐的洞察力，能够提供有价值的预测信息。

注意事项：销售团队需要具备足够的专业知识和业务能力，并结合科学的数据分析技术进行预测。

4. 基于数据挖掘的预测

原理：利用大数据和机器学习技术，挖掘海量的销售数据，分析销售趋势、消费者偏好、市场需求等因素，预测未来的销售情况。

工具：数据挖掘、机器学习等算法，如XGBoost等。

注意事项：企业需要具有足够的数据资源和技术支持，并确保数据的准确性和完整性。

5. 基于销售会话智能平台的预测

原理：利用销售会话智能平台整合多个数据源（如销售历史、客户数据、市场趋势等），通过机器学习算法进行预测。

优势：能够提供实时的数据分析和预测结果，帮助销售人员做出更明智的决策。

实例：国内的销售会话智能平台如深维智信Megaview.com等。

6. 其他注意事项

内外部因素考量：销售预测时需要考虑内外部因素，如产品质量、价格、品牌推广、产品服务、市场需求、经济环境等。

预测精度与供应链反应速度：预测的精度越高，越有利于后续的企业指导工作，如库存和资金的高周转。

技术与人力结合：在利用技术工具进行预测的同时，也需要结合销售团队的经验和判断，以提高预测的准确性。

企业在进行销售预测时，应根据自身情况和需求选择合适的方法，并综合运用多种方法和工具提高预测的准确性与可靠性。同时，还需要关注市场变化和客户需求的变化，及时调整预测模型和策略，以适应市场的快速变化。

案例30：林氏家居销售预测成功案例

背景介绍

林氏家居作为家居行业的领军企业，在面对快速变化的市场环境和消费者需求时，采取了积极的销售预测和营销策略。特别是在2024年，林氏家居通过精准的销售预测和创新的营销策略，成功实现了销售增长和品牌影响力的提升。

销售预测方法

数据分析与趋势预测：林氏家居利用大数据分析工具，对历史销售数据进行深入挖掘，识别出销售趋势、季节性变化等关键因素；结合市场研究报告和消费者行为分析，预测未来市场的需求和趋势。

技术应用：引入先进的销售预测模型，如ARIMA模型、灰色预测模型等，对销售数据进行科学预测；利用机器学习算法，不断优化预测模型，提高预测精度。

营销策略与实施

品质挑战与宣传：在3·15期间，林氏家居联名中国邮政旗下的沙漠邮局，发起了一场严苛的品质挑战。将主推款家具产品如真皮大黑牛沙发、赫本真皮床等置于腾格里沙漠深处，接受高温差等极端环境的考验，成功展示了产品的优异品质；结合沙漠风貌拍摄时尚大片，参与沙漠邮局的焕新计划，通过视觉营销吸引消费者关注。

线上线下融合：在郑州地区，林氏家居携手沙漠邮局在地铁中打造品牌列车，将车厢内饰融入沙漠场景，展示产品耐磨损性能，同时安排工作人员进行讲解和互动，为线下门店引流；配合出租车、公交车和精准站牌组成的大促广告矩阵，全面覆盖郑州核心主干道及商圈，提升品牌曝光度。

直播带货与KOL合作：利用明星效应和KOL合作，进行直播带货，如邀请知名主持人或网红进行产品推荐，提高销售转化率；直播过程中展示产品细节、解答消费者疑问，增强消费者对产品的信任感和购买意愿。

定制化与差异化营销：推出定制化服务和差异化产品，满足不同消费者的个性化需求，如提供定制家具设计服务、推出限量版产品等；通过定制化服务提高客户满意度和忠诚度，促进口碑传播和复购率。

成果展示

销售业绩：在销售预测和营销策略的共同作用下，林氏家居在2024年实现了销售业绩的显著增长。特别是在3·15大促期间和全年重要节点上，销售额和市场份额均创历史新高。

品牌影响力：通过品质挑战、线上线下融合营销和定制化服务等措施，林氏家居的品牌知名度和美誉度得到了大幅提升。成为家居行业的领军品牌和消费者信赖的首选品牌。

林氏家居通过精准的销售预测和创新的营销策略成功实现了销售增长与品牌影响力的提升。这一成功案例为其他企业在销售预测和营销策略制定方面提供了有益的借鉴与启示。

第二节 合理可行的创业构想

一个成功的企业始于正确的理念和好的构想。合理而又周密的企业构思可以避免日后的失望和损失。如果构思不合理，无论投入多少时间和金钱，企业注定是会失败的。

在本节，我们将学习怎样选择你的企业类型，以及如何建立一个合适可行的企业构思。

一、企业类型

我国的企业类型划分可以从多个维度进行，根据不同标准的划分方式分为以下几种类型。

（一）按企业财产组织方式划分

独资企业：由个人出资经营、归个人所有和控制、由个人承担经营风险和享有全部经营收益的企业。

合伙企业：由两个或两个以上的自然人通过订立合伙协议，共同出资经营、共负盈亏、共担风险的企业组织形式。合伙企业分为普通合伙企业和有限合伙企业，其中，普通合伙人对合伙企业债务承担无限连带责任，有限合伙人以其认缴的出资额为限对合伙企业债务承担有限责任。

（二）按企业组织形式划分

公司企业：具有法人资格，能够独立承担民事责任的企业。进一步细分为有限责任公司和股份有限公司。

非公司企业：如个人独资企业、合伙企业等，这些企业通常不具有法人资格，或者虽具有法人资格但组织形式上不属于公司制。

（三）按企业所有制形式划分

全民所有制企业：国有企业，企业的全部财产属于国家，由国家出资兴办的企业。

集体所有制企业：一定范围内，劳动群众出资举办的企业。

外商投资企业：包括中外合资经营企业、中外合作经营企业和外商独资企业。这些企业在中国境内设立，由外国投资者与中国投资者共同投资或外国投资者单独投资。

私营企业：由自然人投资设立或由自然人控股，以雇佣劳动为基础的营利性经济组织。

（四）按其他标准划分

按股东对公司所负责不同可分为：无限责任公司、有限责任公司、股份有限公司。但需要注意的是，在我国现行法律体系中，并没有无限责任公司的直接规定，这里的无限责任公司更多是指合伙企业中的普通合伙人或某些特定类型的非法人组织。

按信用等级可分为：人合公司、资合公司、人合兼资合公司。人合公司是指公司的经营活动以股东个人信用，而非公司资本的多寡为基础的公司；资合公司是指公司的经营活动以公司的资本规模，而非股东个人信用为基础的公司；人合兼资合公司是指公司的设立和经营同时依赖于股东个人信用与公司资本规模的公司。

按公司地位类型可分为：母公司、子公司。母公司是指拥有其他公司一定数额的股份或根据协议，能够控制、支配其他公司的人事、财务、业务等事项的公司；子公司是指一定数额的股份被另一公司控制或依照协议被另一公司实际控制、支配的公司。

此外，还有按行业划分的企业类型，如工业企业、商业企业、建筑企业、金融企业等，这些分类主要依据企业在社会再生产过程中所承担的职能。

二、合法性前提

我们在进行创业构思时，一定要识别合法的创业机会，淘汰侵犯知识产权的项目（或行业）。为了满足市场、人民大众的需要，创业者为消费者、客户提供各式各样的产品或方便快捷的服务、先进的技术，获得财富（利润）回报，继而实现自己的创业梦。无论是产品、服务，抑或是技术，都不能忽视合法性的前提。创业者要依法依规办企业，要遵守知识产权法，尊重别人的劳动成果，这样的企业才会受到国家法律的保护，才会日益兴旺、发展壮大。

与此同时，尊重别人的劳动成果，才能更好地保护自己的知识产权。创业初期，大部分的创业者都发愁资金问题，而自己的专利、商标、技术等都是无形资产，都可以作价交易，可以作为出资的一种方式。这也是当今股份有限公司最为流行、最为实用的合资方式，最受大学毕业生、科研工作者、高级知识分子等的青睐。

三、小微企业成功的要素

小微企业的成功要素是多元化的，涵盖了市场定位、运营管理、资源利用、创新能力、人才团队以及外部环境等多个方面。

明确的市场定位：小微企业需要清晰地了解自己的目标市场、目标客户群以及市场需求。通过精准的市场定位，企业可以集中资源在最有潜力的领域，提供满足市场需求的产品或服务。

灵活的经营策略：因为规模较小，小微企业通常能够更快地适应市场变化。所以，制定灵活的经营策略，包括定价策略、促销策略、渠道策略等，对于小微企业的成功至关重要。

高效的运营管理：良好的运营管理能够降低成本、提高效率，从而提升企业的竞争力。小微企业需要注重财务管理、库存控制、生产流程优化等方面，确保资源的有效利用和业务流程的顺畅。

强大的创新能力：在竞争激烈的市场环境中，创新能力是小微企业脱颖而出的关键。企业需要通过技术创新、产品创新或服务模式创新等方式，不断推出具有竞争力的新产品或服务，满足市场的多样化需求。

优秀的人才团队：人才是企业发展的核心资源。小微企业需要构建一支高素质、有战斗力的人才团队，包括管理人员、技术人员、销售人员等。企业要通过提供良好的工作环境、激励机制和培训机会，吸引和留住优秀人才。

良好的品牌形象：品牌形象是企业与消费者之间建立信任关系的桥梁。小微企业需要注重品牌建设和推广，通过提供优质的产品或服务、建立良好的口碑和品牌形象，提高消费者对企业的认知度和忠诚度。

有效的融资能力：资金是企业发展的血液。小微企业需要具备良好的融资能力，通过银行贷款、风险投资、政府补助等多种渠道筹集资金，支持企业的研发、生产和销售等各个环节。

关注政策环境：政策环境对小微企业的发展具有重要影响。企业需要密切关注国家和地方政府的政策导向与扶持措施，积极争取政策支持和优惠待遇，降低运营成本和提高竞争力。

小微企业的成功要素包括明确的市场定位、灵活的经营策略、高效的运营管理、强大的创新能力、优秀的人才团队、良好的品牌形象、有效的融资能力以及关注政策环境等多个方面。这些因素相互作用、相互促进，共同推动小微企业的持续发展和壮大。

四、如何挖掘出好的企业构思

（一）挖掘出好的企业构思有两条基本途径

1. 从生产专长出发

（1）我会做某种服装，而且可以买一台缝纫机，所以我要开一家服装加工企业。

（2）我知道怎样做蛋糕，也有烤制设备，因此，我可以开一家蛋糕店。

（3）我会修理计算机，因此我想开一家计算机修理行。

2. 从顾客需要出发

（1）人们需要某种价位和质量的服装，因此，我可以开一家服装加工企业满足他们的需求。

（2）很多家庭需要买生日蛋糕，我会做这种蛋糕。因此，我要开一家生日蛋糕店来满足他们的需求。

（3）我们镇上的企业修理计算机难，我知道怎样修理计算机。因此，我将开一家计算机修理行。

我们应当沿着两条途径同时开发企业构思。如果只从自己的专长出发，却不知道是否有顾客，企业就可能会失败。同样，如果没有技术生产高质量的产品或提供优质的服务，就没人来买这些产品或服务，企业也不会成功。也就是说，只有既能满足市场需要又懂行的企业构思才是可行的。

（二）一个好的企业构思必须包含两个方面

（1）必须有市场机会。

（2）必须具有利用这个机会的技能和资源。

问题：你的周围有哪些市场机会？

一个企业以提供产品或服务来满足他人的需要，并以解决人们的问题来求得自己的生存与发展。在思考怎样创办企业时，有一个很有用的方法，就是去体会人们为满足自己的需要，或解决各自的问题时所遇到的难处。

因此，可以从以下这些方面开拓你的思路。

①自己遇到过的问题——想一想你在当地买东西和需要服务时，曾碰到过什么问题。

②工作中的问题——在你为一家机构工作时，你也许注意到，由于某种服务跟不上或材料不足而影响完成工作任务。

③其他人遇到过的问题——通过倾听其他人的抱怨，了解他们的需求和问题。

④所在社区缺少什么——在你生活的地区进行调研，看看人们缺少哪些服务。

五、验证你的企业构思

有了创办企业的构思，并落实到文字上之后，还需要对它进行检验。需要知道它是否可行且经得起推敲；是否能使你的企业具有竞争力和盈利能力。

测试企业构思的一种方式是进行SWOT分析——优势、劣势、机会、威胁分析法。

（一）什么是SWOT分析

SWOT由优势（Strength）、劣势（Weakness）、机会（Opportunity）、威胁（Threat）4个词的英文单词首字母组合而成。

进行SWOT分析时，要考虑你自己的企业，并写下自己企业的所有优势、劣势、机会和威胁。

优势和劣势是分析存在于企业内部的你可以改变的因素。

（1）优势是指你的企业的长处。例如，你的产品比竞争对手的好，你的商店的位置非常有利，你的员工技术水平很高，等等。

（2）劣势是指你的企业的弱点。例如，你的产品比竞争对手的贵，你没有足够的资金按自己的愿望做广告，你无法像竞争对手那样提供综合性的系列服务，等等。

机会和威胁是你需要了解存在于企业外部的你无法施加影响的因素。

（1）机会是指周边地区存在的对企业有利的事情。例如，你想制作的产品越来越流行，附近没有和你类似的商店；因为许多新的住宅小区正在这个地区建设，潜在顾客的数量将会上升；等等。

（2）威胁是指周边地区存在的对企业不利的事情。例如，这个地区有生产同样产品的其他企业，原材料价格上涨将导致你出售的商品价格上升，你不知道你的产品还能流行多久，等等。

（二）SWOT分析的结果

当你做完SWOT分析后，你应该能评估你的企业构思，并做出如下决定。

（1）坚持自己的企业构思并进行全面的可行性研究。

（2）修改原来的企业构思。

（3）完全放弃这个企业构思。

切记：必须运用SWOT分析法对自己的企业构思进行独立分析，并独立做出判断。不要依赖老师或专家，老师和专家只是告诉你如何进行分析，最终的判断（决策）必须由你自己做出。

六、将你的企业构思变成创业计划

在构思变为企业现实之前，必须收集信息并制订计划，看看你的企业是否会成功。正如一名工程师建造桥梁之前要画设计图一样，创业者也必须制订自己的创业计划。

创业计划是一份书面文件，它详细描述了企业的方方面面。准备一份创业计划将帮助你认真思考和评价你创办企业的构思中的劣势。更重要的是，创业计划使你有机会在把你的构思变为现实之前在纸上进行测试。制订创业计划之后发现自己的构思并不完善，总比开办企业之后倒闭要好得多。

创业计划要做得很详尽，才能最大限度地规避风险。在撰写创业计划书时加入知识产权法律风险防控的内容，会给投资人和外界留下与时俱进、专业务实的良好形象，继而为企业带来发展的机会。如果你创办企业的构思不止一个，就对每一个构思都做一份创业计划，再比较哪一个成功的可能性更大。在你做出决定之前，你可能还要对创业计划做多次修改。

案例31：以创新为翼，探索“药食同源”新纪元

小田，这位来自海口经济学院2023级经济学专业的学生，不仅是一位对中药学充满热情的青年，更是一位敢于挑战、勇于创新的创业者。他的创业故事，是对“药食同源”理念的深度实践和对传统中医药文化的现代诠释。

第一阶段：结缘益智仁

小田的姥姥从医，他从小便耳濡目染，对中药学产生了浓厚的兴趣。当他来到海南后，与海南益智仁结下了缘分。他深入了解到，这味中药材不仅具有丰富的药用价值，更蕴含着深厚的饮食文化。这激发了他将益智仁的药用价值和食用价值结合起来的创业想法。

面对这一大胆的想法，小田没有选择独自前行。他积极寻找志同道合的伙伴，并最终找到了目前的指导老师，老师对他的想法也给予了高度评价和支持，认为这一想法既符合“药食同源”的理念，又有广阔的市场前景。

创业，该怎么做?

得到老师的肯定后，小田开始了漫长而艰辛的创业之路。他首先进行了深入的市场调研，通过收集和分析大量数据，了解市场需求和竞争态势。同时，他还积极寻求与业内专家的合作，共同探讨如何将益智仁的药用价值和食用价值最大化。

在市场调研的基础上，小田开始着手组建团队。他结识了志同道合的年轻人陈嘉仪、曾思怡和霍毅，他们分别负责整个项目运行的各个环节。虽然过程中遇到了许多困难和挑战，但小田始终坚定信念，带领团队攻克了一个又一个难关。

携手团队攻克难关

经过数月的努力，小田团队终于取得了关键技术突破，成功研发出了一系列以益智仁为原料的食品。这些产品不仅口感独特，而且营养丰富，深受大家的喜爱。

然而，成功的道路从来不会一帆风顺。小田团队在发展过程中也遇到了许多困难和挫折。例如，市场定位不准确、团队内部矛盾等问题时常困扰着他们。但小田并没有被这些困难打倒，他积极寻求解决方案，与团队成员一起攻克了一个又一个难关。

在创新创业学院院长和老师的指导与帮助下，小田团队不断优化产品配方和工艺流程，提高了产品的质量和口感。同时，他们还积极开展市场推广活动，扩大了益智仁产品的影响力。

经过不懈的努力，小田团队的项目取得了显著的成果。2024年，该项目成功申报了国家级大创立项，并在当年的中国国际大学生创新大赛海南赛区中荣获金奖。此外，该项目还在全国大学生创新创业能力大赛等赛事中获得了优异成绩。

反思与未来展望

回顾这段创业历程，小田感慨万千。他表示，这次成功离不开团队的努力和老师们的辛勤指导。同时，他也深知自己肩负的责任和使命。他希望通过自己的努力，让更多的人了解和认可“药食同源”的理念，推动中医药文化的传承和发展。

展望未来，小田充满了信心和期待。他计划继续深入挖掘益智仁的药用价值和食用价值，研发更多具有创新性和市场潜力的产品。同时，他还将积极拓展国内市场，推动项目走向更广阔的舞台。

小田的创业故事不仅是一段个人成长的历程，更是一次对“药食同源”理念的深度实践和对传统中医药文化的现代诠释。他用自己的行动证明了，只要有梦想和勇气，就能够创造出属于自己的辉煌。

思考题：

1. 在进行市场评估时，需要关注哪些核心要素？
2. 如何建立合理可行的创业构想？

第五章　商业计划书

在瞬息万变的商业世界中，商业计划书是创业征程中的战略蓝图，是企业从构想走向实践的关键转折点。在这个充满不确定性的商业环境中，一份严谨的商业计划书能够帮助创业者系统性地梳理商业模式、预测市场变化、评估潜在风险，并为未来发展指明方向。研究表明，拥有完善商业计划的企业获得融资的成功率比没有计划的企业高出60%，存活率更是高出30%以上。优秀的商业计划不仅是获取投资的重要工具，更是企业持续发展的行动指南，它能够帮助创业团队统一思想、明确目标，在激烈的市场竞争中保持战略定力。同时，商业计划书的撰写过程本身就是一次深度思考和市场验证的机会，让创业者能够提前发现并解决潜在问题，为企业的长远发展奠定坚实基础。

第一节　商业计划书解读

一、商业计划书的概念和作用

商业计划书是创业者计划创立的业务的书面材料，是创业者叩响投资者大门的“敲门砖”。商业计划书主要用来描述所创办企业相关的内外部环境条件和要素特点，为业务的发展提供指示图，是衡量业务进展情况的标准。

二、商业计划书的编写

商业计划书是将有关创业的想法借由白纸黑字最后落实的载体。创业商业计划书的质量，往往会直接影响创业发起人能否找到合作伙伴、获得资金以及其他政策的支持。那么如何编写商业计划书呢？根据计划书的对象和目的不同，计划书的编写重点也会有所不同。不过创业商业计划书也有一般的格式，要涵盖一些必要的内容。

（一）编写商业计划书的六个要素

1. 概念（concept）

商业计划书能够让读者或者投资人快速了解和掌握项目的内容与目标，即“要卖什么”。

2. 顾客（customers）

了解了要卖的东西之后就要清楚将东西卖给谁，即“谁是顾客”“顾客的范围是什么”。比如，创业者认为所有的女性都是顾客，那么50岁的女性也是顾客吗？适合的年龄层在哪里要界定清楚。

3. 竞争者（competitors）

这个东西有没有人卖过？如果有人卖过，那么是在哪里卖的？有没有其他的东西可以取代？这些竞争者跟你的关系是直接的还是间接的？

4. 能力（capabilites）

对于自己要卖的东西，自己是否清楚明白，有没有能力卖这些产品。比如，开餐馆，如果厨师辞职了又招不到人，自己会不会做？如果自己没有这个能力，至少合伙人要会做，再不然也要有鉴赏的能力，否则最好不要做。

5. 资本（capital）

这里说的资本可以是资金，也可以是其他可以换成现金的资产，创业者应该清楚创业的资本有多少，在哪里，自筹的部分有多少，需要外部筹集的资本有多少，等等。

6. 永续经营（continuation）

如果创业失败，那么接下来该怎么办？未来的计划是什么？

只要掌握这六个要素，就可以随时检查，随时更正，就不怕有遗漏了。

（二）商业计划书的编写步骤

商业计划书是对企业未来前景的展望，编写过程是细致探索创业中的合理思路，确认实际项目所需的各种必要资源，寻求所需知识的过程。

1. 准备工作

编写商业计划书涉及的内容较多，因此，在制订商业计划前要进行周密的安排和准备工作，具体准备工作如下。

①确定商业计划的宗旨和目标；

②创建商业计划团队；

③制订商业计划的编写计划；

④确定商业计划的总体框架和商业计划的种类；

⑤确定编写商业计划的人员分工；

⑥确定编写商业计划的日程安排。

2. 资料收集阶段

以商业计划书的总体框架为指导，针对创业的宗旨与目标，搜寻内部与外部资料，包括创业企业所在行业的发展趋势、产品市场信息、产品测试、实验资料、竞争对手信息、同类企业组织机构状况、同类企业财务报表等。

资料调查，可以分为实地调查与收集二手资料两种。实地调查可以得到创业所需的一手真实资料，但时间及费用耗费较大。收集二手资料比较容易，但可靠性较差。创业者可根据需要灵活采用资料调查方法。

3. 商业计划的形成

在商业计划的形成阶段要完成以下任务。

（1）拟定创业执行纲要

创业执行纲要主要是指创业各项目概要。

（2）草拟商业计划

草拟商业计划是指依据创业执行纲要，对创业企业的市场竞争及销售、组织与管理、技术与工艺、财务计划、融资方案以及风险分析等内容进行全面编写，初步形成较为完整的商业计划。

（3）修改完善

修改完善是指编写小组在这一阶段对草拟的创业商业计划进行广泛调查，并征求多方意见修改完善，进而做出一份较为满意的创业商业计划方案。

（4）定稿

进行定稿，并印制成正式的商业计划书。

（三）商业计划书的编写原则

商业计划书的编写是为创业融资宣传提供依据，同时也可作为创业实施的规划方案，因此，商业计划书除了要尽可能地展现创业项目的盈利前景，还要具体说明创业项目的可行性。编写商业计划书要遵循以下原则。

第一，计划性。做好编写商业计划书的工作计划，以保证编写商业计划书的过程能够有条不紊。

第二，价值性。在计划书的编写过程中要始终围绕着创业的产品和服务展开，并经常性地评估产品和服务的创业价值。

第三，参照性。在写作的时候要时刻并充分地寻求有关专业人士的协助和指导。

第四，全面性。通过不断地修改和补充来完善商业计划书。一般来说，最终形成的商业计划的正式文本与草稿可能相差很大，有的甚至面目全非。

第五，综合性。要针对商业计划书的目标读者设置不同的侧重点。例如，投资人对商业计划书中的市场增长和盈利潜力感兴趣，战略伙伴与主要客户关心产品、服务、市场盈利、团队的运作能力，主要雇员和管理队伍想知道创业企业过去的成功纪录及今后的发展前景。

（四）编写商业计划书的注意事项

第一，商业计划书要重点突出，注重实效。每份计划书都因为其内容和形式的不同而具有独特的优势与竞争力，所以保留商业计划书的个性是十分重要的。此外，还要注意商业计划书中所使用资料的时效性，制订周期长的商业计划应及时更新有关数据资料。

第二，对产品和服务的描述要使用专业化语言。财务分析要形象直观，尽可能地采用图表描述，战略、市场分析、营销策略、创业团队的相关内容要使用管理学术语，尽可能做到规范化、科学化。

第三，商业计划书内容多，涉及面广，因此要求创业团队的成员分工完成，但应由组长统一协调定稿，以免出现内容零散、文风不连贯等情况。

第四，商业计划书要详略得当，突出优势，核心技术部分可以省略或简化，以防泄密。

三、典型商业计划书的内涵要素和主要特点

（一）内涵要素

1. 关注产品

在商业计划书中应提供所有与企业的产品或服务有关的细节，包括企业实施的所有调查。应明确的问题包括：产品正处于什么样的发展阶段？它的独特性怎样？企业分销产品的方法是什么？谁会使用企业的产品，为什么？产品的生产成本是多少，售价是多少？企业发展现代化产品的计划是什么？把投资人拉到企业的产品或服务中来，这样投资者就会和创业者一样对产品有兴趣。

2. 敢于竞争

在商业计划书中，创业者应该具体分析本企业的竞争对手，如竞争对手的产品有哪些特点？和本企业的产品相比具有哪些优势、劣势？竞争对手采用的营销策略是什么？等等。要明确每个竞争者所具有的竞争优势、要向投资者展示顾客偏爱本企业的原因是什么，如本企业的产品质量好、送货快、定位适中、价格合理等。编写商业计划书的目的就是要让投资者相信，创业企业是有实力的，它不仅是行业中的有力竞争者，将来还会是行业标准的领先者。在商业计划书中，企业家还要阐明竞争者给企业带来的风险以及企业能够采取的对策。

3. 了解市场

商业计划书要向投资者提供本企业对目标市场的深入分析和理解。要细致分析经济、地理、职业以及心理等因素对消费者选择购买本企业产品这一行为的影响，以及各个因素所起的作用。除此之外，商业计划书还应包括主要的营销计划，具体包括本企业的销售战略以及企业聘用的人员来源，企业使用特许商、分销商还是转卖商，企业会对员工进行什么样的培训等。此外，创业商业计划书还应特别关注销售中的细节问题。

4. 表明行动的方针

企业的行动计划应该是完备的，在商业计划书中应该明确以下问题：企业拥有哪些生产资源？还需要什么生产资源？企业生产需要哪些原料？是买设备还是租设备？如何设计生产线？如何组装产品？生产成本是多少？企业如何把产品推向市场？还要解释与产品组装、存储以及发送有关的固定成本和变动成本的情况。

5. 展示管理队伍

将创业思想转换为一个成功的企业，关键因素在于有一支强有力的管理队伍，管理队伍必须具备较高的管理才能和专业的技术知识，以及丰富的工作经验。管理者的职能就是计划、组织、控制和指导企业实现行动目标。在商业计划书中应首先描述一下整个管理团队及其职责，其次分别介绍每个管理人员的特殊才能、特点、造诣，细致描述每个管理者对企业做出哪些贡献，明确管理目标以及组织机构图。

6. 出色的计划摘要

商业计划书的摘要虽然简短却十分重要。摘要必须给读者留下深刻的印象，让读者从中获得更多的信息。摘要是读者首先要看的内容，以此从书中摘录出产品特点、公司营销、财务战略、竞争对手、管理队伍等情况。形象地说，如果公司是一本书，那么计划摘要就是这本书的封面，封面做得细致才能吸引投资者。

（二）主要特点

商业计划书要突出以下几个主要特点。

第一，简明扼要，要全面介绍企业的基本情况。企业概述、技术发展、市场状况、财务规划、管理团队等内容，创业者要在计划书中以一定的方式表达出来，力求简洁明了。

第二，突出企业的独特性。企业的独特性可以体现在管理团队上，也可以体现在产品和服务上，还可以体现在融资方式上，总之，就是要因为独特性的存在使风险投资家放弃其他投资机会转而投资你的企业。因此创业商业计划书中要有一个独立的部分对企业的独特性做出描述。

第三，时刻体现为投资人着想。创业者和投资者最终的关系是合作的关系，从这一点来讲，为投资人着想就是为企业自身着想，商业计划书是风险投资人评估企业的主要依据，如果企业可以针对投资人的评估来给企业编写计划书或进行一些探讨性的自我评估，就会给投资人留下好感，为最后赢得资金奠定基础。

第二节　商业计划书主要内容

一、商业计划书的内容

商业计划书没有一成不变的格式，但主要内容较为一致，一般来说，商业计划书包括以下几个方面的内容。

（一）封面

商业计划书封面的设计要与项目本身贴近，同时兼具美观和艺术感，一个好的封面会使读者和投资者产生好感，形成良好的第一印象。

（二）计划摘要

计划摘要浓缩了商业计划书的精华，涵盖了计划的要点，要求一目了然，以便读者在最短的时间内评审计划并做出判断。摘要尽量简明生动，通常摘要只需要两页纸就够了。

计划摘要一般包括以下内容：企业介绍、管理者及其组织、主要产品和业务范围、市场概况、营销策略、销售计划、生产管理计划、财务计划、资金需求状况等。

在介绍企业时，首先，要说明创办企业的思路，以及该思路的形成过程、企业的目标和发展战略。其次，要交代企业现状、过去的背景和经营范围，在这一部分中对企业以往的情况进行客观的评述，不回避失误，中肯的分析往往更能赢得信任，从而使人容易认同企业的商业计划书。最后，要介绍一下创业者自己的背景、经历、经验和特长。企业家的素质对企业的管理往往起关键性作用，在这里企业家应尽量突出自己的优点，并表示自己强烈的进取精神。

（三）产品（服务）介绍

在进行投资项目评估时，投资人最关心的问题之一就是企业的产品、技术或者服务能在多大程度上解决现实生活中的问题，或者企业的产品或服务能否帮助顾客节约开支、增加收入，因此，产品或服务介绍在创业商业计划书中是非常重要的。

通常，产品（服务）介绍应包括以下内容：产品（服务）的概念、性能以及特点、主要产品（服务）介绍、产品（服务）的市场竞争力、产品（服务）的研究和发展过程、发展新的产品（服务）计划和成本分析、产品（服务）市场前景预测、产品（服务）品牌和专利。

在产品（服务）介绍部分，创业者要对产品（服务）做出详细准确的说明，语言通俗易懂，不是专业的投资人也能看明白。一般介绍都要附上产品原型、照片或者其他简介。

产品（服务）的介绍必须回答以下问题。

（1）顾客希望你的产品（服务）能解决什么问题？

（2）顾客能从企业的产品（服务）获得什么好处？

（3）与竞争对手相比，你的产品（服务）有哪些优缺点？顾客为什么会选择本企业的产品（服务）？

（4）企业为自己的产品（服务）采取了何种保护措施？有哪些专利、许可证或者与已经申请专利的厂家达成了哪些协议？

（5）为什么企业的产品（服务）定价可以使企业产生足够的利润？为什么用户会大批量地购买企业的产品（服务）？

（6）企业采用何种方式去改进产品（服务）的质量、性能？发展新的产品（服务）有哪些计划？

（7）预测市场前景，预计产品（服务）会有多大的市场，说明为什么可以获得如此大的市场。

企业产品（服务）内容比较具体，因此写起来相对容易。虽然夸赞自己的产品（服务）是推销所必需的，但应该注意企业所做的每项承诺都是一笔债，都要努力兑现。创业者和投资人所建立的是一种长期合作的伙伴关系，空口许诺只能得益于一时。如果创业者不能兑现承诺，不能偿还债务，企业的信誉就会受到极大的损害，这种行为是真正的企业家所不屑的。

（四）人员及组织结构

创业者需要组建一个专业性强的管理团队。因为素质高、专业性强的管理人员决定着企业的管理水平，直接关系着企业经营风险的大小，所以风险投资人会特别注重对管理队伍的评估。这里值得注意的是，管理团队的人员应该具有团队精神，一个企业必须具备产品设计与研发、市场营销、生产作业管理、财务等方面的专门人才，因此，管理人员应该是互补的。

（五）市场预测

当企业要开发一种新产品或向新的市场扩展时，首先就要进行市场预测。如果预测的结果并不乐观或者预测的可信度让人怀疑，那么投资人就要承担更大的风险，对多数投资人来说是不可接受的。

首先，对需求进行预测：市场对这种产品的需求程度如何？是否可以给企业带来所期望的利益？新的市场规模有多大？需求的发展方向以及状态如何？影响需求的因素有哪些？其次，要对市场竞争的情况即企业所面对的竞争格局进行分析：市场中主要的竞争者有哪些？是否存在有利于本企业产品的市场空当？本企业预计市场占有率是多少？企业进入市场会引起竞争者怎样的反应，这些反应对企业会有什么影响？

企业对市场的预测应建立在严格、科学的市场调研基础上，企业面对的市场本来就变幻不定、难以捉摸，因此，应尽量扩大收集信息的范围，重视对环境的预测，采用科学的预测手段和方法。创业者应该牢记的是，市场预测不是凭空想象出来的，对市场错误的认识是企业经营失败的主要原因之一。

（六）营销策略

在企业经营中，营销是最具有挑战性的环节。企业产品的特点、消费者的特点、市场的环境因素以及企业自身的状况等都是影响营销的主要因素，但最终影响营销策略的则是营销成本和营销效益。

在计划书中营销策略应包括以下内容：市场机构和营销渠道的选择、营销队伍及管理、促销计划和广告策略、价格策略。

对初创企业来说，其难以进入其他企业已经稳定的销售渠道的原因是本企业的产品知名度低，企业形象还没有树立起来。因此，初创企业考虑到成本和盈利的问题，不得不采取高成本、低效益的营销策略，上门推销、大打广告，给批发商和零售商让利，给任何愿意经销的企业销售。

（七）制造计划

商业计划书中的制造计划应包括以下内容：产品制造和技术设备现状、新产品投产计划、技术升级和设备更新的需求、质量控制和质量改进计划、如何保证新产品在进入规模生产时的稳定性和可靠性、设备的引进及安装情况、供货商是谁、生产周期标准的制定以及生产作业计划的编制、物流需求计划及保障措施。

（八）财务计划

财务计划需要花费较多的精力来做具体分析，其中包括现金流量表、利润表及资产负债表的填制。企业初步建立或进行扩张的时期，应该对流动资金进行周密的计划，并且在使用过程中进行严格的控制。因为流动资金是企业的生命线。利润表反映的是企业的盈利状况，是企业运作一段时间后的经营结果。资产负债表反映企业在某一时刻的资产状况，投资者可以基于资产负债表的数据衡量企业的经营状况以及可能的投资回报率。

财务计划一般包括以下内容：计划书的条件假设、预计的资产负债表与利润表、现金收支分析、资金的来源和使用。

一份商业计划书可全面完整地概括出企业在筹集资金的过程中需要做的全部事情，财务计划则是对商业计划书的说明和支持。因此，一份好的财务计划对评估风险企业所需的资金数量，提高风险企业取得投资的可能性是十分关键的。若企业没有准备好财务计划，那么这个企业就会给投资人留下缺乏经验的印象，降低企业的评估价值，同时也会增加企业的经营风险。那么如何制订财务计划呢？这首先取决于初创企业的远景规划，是进入一个新市场创造一个新产品，还是进入一个财务信息较多的已有市场。

仅仅着眼于单向新技术或者是创新产品的初创企业不可能参考现有的市场数据、价格和营销方式，所以初创企业需要预测进入市场的速度，以及可能获得的利润，并把自己的设想、财务规模、管理规模推销给投资者。进入已有市场的企业，可以更快地看清整个市场的规模和改进方式，企业可以在获得目标市场的信息基础上，对企业一年的销售规模进行规划。

企业的财务计划应保证与商业计划书的条件假设相一致。事实上财务计划和企业的生产计划、人力资源计划、营销计划等都是密不可分的。要完善财务计划必须明确以下问题：产品在每一个期间的发货量有多大；什么时候开始扩张产品线；每件产品的成本是多少；每件产品的定价是多少；使用什么分销渠道；预期的成本和利润是多少；需要雇用哪几种类型的人才，人力成本是多少。

（九）风险评估与管理

企业面临的风险包括政策风险、行业风险、技术开发风险、经营管理风险、市场开拓风险、生产风险、财务风险、汇率风险、投资风险、对企业关键人员依赖的风险等。如果可能的话，要对关键性参数做出最好和最坏的设定。对每一项风险都要叙述防范和控制手段。

二、商业计划书常见的错误及失败原因

（一）常见的错误和疏漏

（1）语言描述混乱、不清晰，废话多，冗长。

（2）没有强有力的执行团队。

（3）只有创意，没有实际经验和细节。

（4）计划目标界定不明或难以衡量目标的执行情况。

（5）大篇幅描述市场和环境，到后面才讲清楚公司的业务类型和目标。

（6）过于强调技术的先进性、产品（服务）的创意，而忽略执行方面，未能清楚地解释商业与执行能力。

（7）有很多口号，而对为达到目标所制定的策略与战术却描述不多。

（8）强调面临的市场容量或生产能力，却没有说清楚怎样销售自己的产品；只有销售目标，而没有实现销售目标的具体计划。

（9）强调过往成就，却不能说出令人信服的将来维持可持续竞争优势的策略方法。

（10）过于强调依赖某一大公司的供销关系，投资者会担心过于依赖单一战略合作伙伴将带来的巨大风险。

（11）管理团队的实力言过其实，或声称某某名人将加入本公司。

（12）不涉及生产与经营实施方案，或一笔带过。

（13）低估竞争对手的实力，对竞争没有清醒的认识，忽视竞争威胁，对市场和竞争对手的描述缺乏具体的资料和数据。

（14）对经营困难及风险预计不足，过于乐观。

（15）产品或服务卖点、亮点过多，泛而不精。

（16）没有依据地盲目乐观，预计公司将在两三年后上市。

（17）做表面文章、文字游戏，强调海归博士、领导关怀、有众多专家顾问等。

（18）过分夸张的公司名称或项目名称（如一个面向国内市场的初创公司起名为某某国际集团）。

（19）故意隐瞒事实真相，对项目本应该描述的内容避而不谈。

（20）对资金预算描述不清楚或不合理，资金使用方向、财务数据测算不准确，钩稽关系不合理，数据出入过大。

（二）失败的原因及克服方法

商业计划书准备得好不好，很大程度上决定了企业的兴亡。经验分析表明，导致商业计划失误失败的因素有以下几个方面。

第一，目标界定不明或难以衡量目标执行的情况。

克服方法：明确目标，规定目标的时效，提出落实目标的方法，把总目标分成容易管理和实现的子目标。

第二，对经营管理困难预计不足。

克服方法：制订计划时要留有余地，对商业活动的不确定性要有充分的估计。从好处着眼，不盲目乐观，抱有现实态度，并且不失时机地修正目标。若一味过高估计创业成功的把握，反而会使投资人怀疑企业不牢靠、不可信。

第三，缺乏定期评审考核机制。

克服方法：在计划中要定出一些指标，以便定期检查目标实现的程度，发现存在的问题，提出补救和改进的方法。

第四，固守原有计划，刻舟求剑。

克服方法：要认识到原有计划目标的局限性和前提条件，要有变通精神，注意收集和分析市场信息，随时准备调整计划以适应变动的状况。

第五，不能学习和总结经验。

常常表现在同样的错误一犯再犯，拒绝接受批评，无视或无法解释计划执行情况。

克服方法：采用目标导向的方法，用结果而不是意愿来考核业绩，加强沟通。定期考核自己的工作，找出和预定目标的差距，甚至放弃既定的目标。

总之，撰写计划书要反复斟酌，并且要团队成员一起参与，力求简洁，避免使用太多术语，把计划的假设和前提条件都交代清楚，尽可能把风险和困难也说明，并说明有什么替代方法可供选择。

三、商业计划书模板

商业计划书模板

公司名称：________________________

公司主营：________________________

负 责 人：________________________

团队成员：________________________

联系电话：________________________

目 录

第一部分 计划书摘要

说明：计划书摘要应该尽量控制在两页纸内完成。创业计划书摘要应该涵盖该计划书的所有要点，浓缩所有精华，并要求简洁、可信度高、一目了然。

第二部分　产品/服务

第二部分主要介绍拟投资的产品/服务的背景、目前所处发展阶段、与同行业其他企业同类产品/服务的比较，本企业产品/服务的新颖性、先进性和独特性，如拥有的专门技术、版权、配方、品牌、销售网络、许可证、专营权、特许权经营等。

企业现有的和正在申请的知识产权（专利、商标、版权等）。企业是否已签署了有关专利权及其他知识产权转让或授权许可的协议？如果有，请说明（并附主要条款）。

①目标市场：这里对产品面向的用户种类要进行详细说明。

②产品更新换代周期：更新换代周期的确定要有资料来源。

③产品标准：详细列明产品执行的标准。详细描述本企业产品/服务的竞争优势（包括性能、价格、服务等方面）；产品的售后服务网络和用户技术支持。

第三部分　行业及市场情况

①行业情况：行业发展历史及趋势，哪些行业的变化对产品利润、利润率影响较大，进入该行业的技术壁垒、贸易壁垒、政策限制等，行业市场前景分析与预测。

②目标市场情况：说明目标市场容量的发展趋势；本企业与目标市场内主要竞争对手的比较；市场销售有无行业管制，企业产品进入市场的难度分析。

第四部分　组织与管理

①企业基本情况：拟定的企业名称、预期成立时间、预期注册资本，其中包括现金出资额及占股份的比例、无形资产出资额及占股份比例、预期注册地点。

②企业主要股东情况：列表说明股东的名称及其出资情况，包括股东名称、出资额、股份比例、出资形式。

③企业内部部门设置情况：说明每个部门的责权利、部门与部门之间的关系等。

④企业员工的招聘与培训。

⑤董事会成员名单。

第五部分　营销策略

①产品销售成本的构成及销售价格制定的依据：如果产品已经在市场上形成了竞争优势，请说明与哪些因素有关（如成本相同但销售价格低、成本低形

成销售优势以及产品性能、品牌、销售渠道优于竞争对手产品等)。

②建立销售网络、销售渠道和设立代理商、分销商方面的策略与实施方案。

③广告促销方面的策略与实施方案。

④产品销售价格方面的策略与实施方案。

⑤建立良好销售队伍方面的策略与实施方案。

⑥产品售后服务方面的策略与实施方案。

⑦其他方面的策略与实施方案。

⑧对销售队伍采取什么样的激励机制。

第六部分　产品制造

①产品生产制造方式(企业自建厂生产产品，还是委托生产，或采用其他方式，请说明原因)。

②简述产品的生产制造过程、工艺流程：如何保证主要原材料、元器件、配件以及关键零部件等生产必需品的进货渠道的稳定性、可靠性、质量及进货周期。

③正常生产状态下，成品率、返修率、废品率应控制在怎样的范围内，描述生产过程中产品的质量保证体系与关键质量检测设备、产品成本和生产成本如何控制及有怎样的具体措施。

④确定产品批量销售价格：产品毛利润率是多少？纯利润率是多少？

第七部分　融资说明

①为保证项目实施，需要的资金是多少万元，需投资方投入多少万元，对外借贷多少万元。如果有对外借贷，担保措施是什么？

②请说明投入资金的用途和使用计划。

③拟向外来投资方出让多少权益？计算依据是什么？

④预计未来3年或5年平均每年净资产收益率是多少？

⑤外来投资方可享有哪些监督和管理权力？

⑥如果企业没有实现项目发展计划，企业与管理层向投资方承担哪些责任？

⑦外来投资方以何种方式收回投资？说明具体方式和执行时间。

⑧在与企业业务有关的税种和税率方面，企业享受政府提供的哪些优惠政策及未来可能面对的情况(如市场准入、减免税等方面的优惠政策)。

⑨需要对外来投资方说明的其他情况。

第八部分　财务计划

①产品形成规模销售时，毛利润率和纯利润率分别是多少？

②请提供未来3~5年的项目盈亏平衡表、项目资产负债表、项目损益表、项目现金流量表、项目销售计划表、项目产品成本表。注意每一项财务数据都要有依据，要进行财务数据说明。

第九部分　风险评估与防范

请详细说明该项目实施过程中可能遇到的风险及控制、防范手段（包括可能遇到的政策风险、行业风险、技术开发风险、经营管理风险、市场开拓风险、生产风险、财务风险、汇率风险、投资风险、对企业关键人员依赖的风险等。每项要单独叙述控制和防范手段）。

第十部分　项目实施进度

（略）

第十一部分　其他

为补充本商业计划书内容，需要进一步说明有关问题（如企业或企业主要管理人员和关键人员过去、现在是否卷入法律诉讼及仲裁事件中，对企业有何影响）。请将产品彩页、企业宣传介绍册、证书等作为附件附于此。

思考题：

1. 商业计划书的编写步骤是什么？
2. 商业计划书的常见错误有哪些？

第六章　选择企业与法律环境

选择企业即思考你要创办的企业形态。企业形态不是任意而为的，而是由法律规定的。任何市场经济的健康发展，都需要两个条件：一是市场活动主体——企业必须保持充分的活力，能够自由地、合法地、最大限度地追求自身经济利益；二是要有良好的法治环境，真正树立法制的权威、法律的权威。社会主义市场经济更是如此。社会主义市场经济既表现为共产党领导，又要体现允许多元经济利益并存的特点。各个利益主体之间存在着复杂的经营关系和利害关系，为保护各利益主体的利益，保证国民经济持续、稳定、协调发展及市场经济公平进行，必须强调法制。因此，在法律框架下选择企业形态，为企业营造良好的法律环境是创办企业必不可少的环节。

第一节　选择一种企业法律形态

何谓企业的法律形态？简单来说，即企业的法律形式、社会面目。按照法律规定，我们可以选择不同的投资方式，组建不同形式的企业。企业法律形态是由法律规定的企业形态，设立企业只能选择法律规定的企业组织形式，不能随心所欲塑造企业形态。但企业的法律形态不是一成不变的，在不同时期有不同变化。法律规定的企业组织形式，根据不同标准有不同的分类。例如，根据投资主体的不同，将企业分为国有企业和非国有企业；根据承担职能的不同，将企业分为竞争型企业和非竞争型企业；根据是否独立享有权利、义务和承担责任，将企业分为法人企业和非法人企业。

符合法人条件，依法取得法人资格的企业为法人企业；不符合法人条件，依法不能取得法人资格的企业为非法人企业。现代社会，法人企业在社会经济生活中占据主导地位，非法人企业也是普遍存在的。公司是典型的法人企业，分公司、个人独资企业、合伙企业则属非法人企业。

一、企业的不同法律形态

中国民营企业的主要法律形态如下。

股份有限公司、有限责任公司、外资企业、中外合资企业、中外合作企业、乡镇企业、股份合作制企业、合伙企业、个人独资企业、个体工商户、农村承包经营户等。

微小企业最常见的法律形态是：个体工商户、个人独资企业、合伙企业和有限责任公司。

不同的企业法律形态有不同的要求，从而会对企业产生诸多影响，这些影响包括如下方面。

第一，开办和注册企业的成本；

第二，开办企业手续的难易程度；

第三，企业主的风险责任；

第四，寻求贷款的难易程度；

第五，寻找合伙人的可能性；

第六，企业的决策程序；

第七，企业利润所得。

二、企业组织形式分类特点及其优劣

（一）特点

各种企业法律形态都有各自的特点（见表6-1），了解企业的法律形态有助于更好地为自己的企业选择适当的法律形态。

表6-1 不同企业法律形态的特点

企业形态	企业主数量和注册资本	成立条件	经营特征	利润分配和债务责任
个体工商户	● 企业主是1个人或家庭 ● 无资本数量限制	● 成立条件简单，业主只要有相应的经营资金和经营场所就可以 ● 个体工商户可以起字号	● 资产属于私人所有，自己既是所有者，又是劳动者和管理者	● 利润归个人或家庭所有 ● 由个人经营的，以其个人资产对企业债务承担无限责任
个人独资企业	● 企业主是1个人 ● 投资人是1个自然人 ● 无资本数量限制	● 有合法的企业名称 ● 有投资人申报的出资 ● 有固定的生产经营场所和必要的生产经营条件 ● 有必要的从业人员	● 财产为投资人个人所有，企业主既是投资者，又是经营管理者	● 利润归个人所有 ● 投资人以其个人资产对企业债务承担无限责任
合伙企业	● 企业主2个人以上 ● 无资本数量限制	● 有2个以上合伙人，并且都依法承担无限责任 ● 有书面合伙协议 ● 有合伙人的实际出资 ● 有合伙人的名称 ● 有经营场所和从事合伙经营的必要条件	● 依照合伙协议，共同出资，合伙经营，共享收益，共担风险	● 合伙人按照合伙协议分配利润，并共同对企业债务承担无限连带责任
有限责任公司	● 由1人以上50人以下的股东组成 ● 注册资本因不同经营内容立出法定下限	● 股东符合法定人数 ● 股东出资达到法定资本最低限额 ● 股东共同制定公司章程 ● 有公司的名称，建立符合有限责任公司要求的组织机构 ● 有固定的生产经营场所和必要的生产经营条件	● 公司设立股东会、董事会和监事会，聘请职业经理管理公司经营业务，经营权和所有权可以分离	● 股东以前期认缴出资比例为限承担有限责任
股份合作制企业	● 股东包括全体企业成员 ● 无资本数量限制（有地方规定的例外）	● 无具体规定	● 企业成员入股，一般实行全员入股 ● 建立资本金制度 ● 职工既是参股人又是劳动者	● 股东按出资比例分配利润，并以出资额为限承担有限责任

续表

企业形态	企业主数量和注册资本	成立条件	经营特征	利润分配和债务责任
中外合作经营企业	● 投资人至少包括一个中方投资者和一个外方投资者 ● 无特殊的注册资本限制。属于有限责任公司形式的，注册资本按有限责任公司规定执行	● 申请设立合作企业，应当将中外合作者签订的协议、合同、章程等文件报请国务院对外经济贸易主管部门或者国务院授权的部门和地方政府审查批准 ● 无具体人数和注册资本限制	● 企业设董事会或者联合管理机构，依照合作企业合同或者章程规定，决定合作企业的重大问题。中外合作者的一方担任董事长或主任，由另一方担任副董事长或副主任	● 中外合作经营企业按照合作合同分配利润，并以其全部资产承担债务责任
中外合资经营企业	● 投资人至少包括一个中方投资者和一个外方投资者 ● 属于有限责任公司形式的，注册资本按有限责任公司的规定执行	● 申请设立合资企业，应当将中外合资者签订的协议、合同、章程等文件报请国务院对外经济贸易主管部门或者国务院授权的部门和地方政府审查批准，并符合有限责任公司的设立条件 ● 外国合营者的投资比例一般不低于25%	● 合营企业设立董事会的人数由投资各方协商，中外合资者的一方担任董事长，由另一方担任副董事长。正副总经理由合营各方分别担任	● 股东按出资比例分配利润，并以出资额为限承担有限责任

（二）个人独资企业、合伙企业和公司企业的优劣

1. 个人独资企业

个人独资企业是指依照《中华人民共和国个人独资企业法》在中国境内设立，由一个自然人投资，财产为投资人个人所有，投资人以其个人财产对企业债务承担无限责任的经营实体。如果你有设备、资金、客户，就可以立即开一家个人独资企业。你要独自对企业的债务负责，要独立经营，不能够借助股权资本，只能依靠个人贷款以及其他非股权融资方式分散风险。

创办个人独资企业，其优势首先是在经营上制约因素少，方式也比较灵活，弹性较大，容易组建、开设、转让、关闭，一般只需要向工商部门登记即可，手续简单，处理问题简便、迅速。由于是个人独资，企业销售数量、利润、生产工艺、财务状况等信息均可保密，这无疑有助于企业在竞争中保持优

势。而且，与法人企业不同，个人独资企业只需要缴纳个人所得税，不需要缴纳双重税收，税后利润归个人所有，不需要和别人分享。投资者在经营企业中获得的不仅是利润，还有个人满足感。

个人独资企业也存在无法回避的弊端，主要是由个人担负无限清偿责任，当企业资产不足以清偿企业债务时，法律规定企业所有者不是以投资企业的财产为限，而是要用企业所有者的其他财产清偿债务。也就是说，一旦经营失败，企业主就有可能倾家荡产。规模受限制，由于所有者只有一个人，在集资和生产规模上都不能发展很快。由于银行和专业投资者更愿意将资金贷给公司制企业，因此，个人独资企业筹集资金比较困难。

2. 合伙企业

合伙企业是指依照《中华人民共和国合伙企业法》在中国境内设立的由各合伙人订立合伙协议，共同出资、合伙经营、共享收益、共担风险，并对合伙企业债务承担无限连带责任的营利性组织。合伙人可以采取货币、实物、土地使用权、知识产权或者其他财务权利出资，经全体合伙人协商一致同意，合伙人也可以用劳务出资，各合伙人对执行合伙企业事务享有同等的权利。

合伙企业的类型，有亲戚之间的合伙、家族内的合伙、朋友间的合伙、同事间的合伙、企业与企业间的合伙、个人与企业或其他组织之间的合伙，也有跨地区、跨省甚至跨国的合伙。亲戚之间的合伙、家族内的合伙、朋友之间的合伙、同事之间的合伙是目前中国合伙经营的主要形式。

与个人独资企业相比，合伙企业的资金来源较广，信用度也有很大提高，因而容易筹措资金，如从银行获得贷款，从供货商那里赊购产品；合伙的企业主集思广益，增强了决策能力和经营管理水平，提高企业的市场竞争力，并使经营风险得到了分散。在所有权和利益分配方面，也有较大灵活性。不过合伙企业也有劣势，第一，合伙人要承担无限连带责任，使其家庭财产具有经营风险，因此合伙关系必须以相互之间的信任为基础；第二，企业的存亡因素过于集中，如果合伙企业主产生意见分歧，互不信任，就会影响企业的有效经营；第三，产权不易流动，根据法律规定，合伙人不能自由转让自己所拥有的财产份额，产权转让必须经过全体合伙人同意，同时，接受转让的人也要经过所有合伙人的同意，才能购买产权，成为新的合伙人；第四，如果合伙企业经营效果比所期望的低，则合伙企业也易受合伙人之间紧张关系的影响。

3. 公司企业

公司企业是指依照《中华人民共和国公司法》在中国境内设立的有限责任

公司和股份有限公司。公司是企业法人，有独立的法人财产，享有法人财产权。公司以其全部财产对公司的债务承担责任。有限责任公司的股东以其认缴的出资额为限对公司承担责任；股份有限公司的股东以其认购的股份为限对公司承担责任。

对创业的大学生来说，依据法律规定设立股份有限公司的条件，成立股份有限公司不大可能，因此，此处只重点介绍有限责任公司的利弊。按照我国《中华人民共和国公司法》的规定，设立有限责任公司，应当具备下列条件：股东符合法定人数；股东出资达到法定资本最低限额；股东共同制定公司章程；有公司名称，建立符合有限责任公司要求的组织机构；有固定的生产经营场所和必要的生产经营条件。在这些条件中，创业者最想了解的应该是法定资本最低限额的规定了，根据《中华人民共和国公司法》的规定，按照公司运营方式的不同，分别设立了以下几个门槛，有限责任公司的注册资本不得少于下列最低限额：以生产经营为主的公司是人民币50万元；以商品批发为主的公司是人民币50万元；以商业零售为主的公司是人民币30万元；科技开发、咨询、服务性公司是人民币10万元。特定行业的有限责任公司注册资本最低限额需高于前款所定限额的，由法律、行政法规另行规定。

那么股东出资是不是仅指用货币呢？不是，实物、工业产权、非专利技术、土地使用权只要经过评估作价，都可以用于出资，只是以工业产权、非专利技术作价出资的金额不得超过有限责任公司注册资本的20%，但国家对采用高新技术成果有特别规定的除外（比例最高可达35%）。有限责任公司不能公开募集股份、发行股票，只能采取发起设立方式。由于有限责任公司是以出资人的出资额为限承担公司的经营风险，这就促使投资人敢于分散投资，通过优化投资组合取得最佳的投资回报；对于公司而言，也可以吸纳多个投资人，促进资本的有效集中，而且产权主体多元化，必然促使公司形成有效的公司治理结构，促进决策的科学化和民主化。

有限责任公司由股东会选举和更换董事，由董事会聘任或解聘公司经理，公司财产所有权与经营权的分离，有利于公司经营稳定，有利于企业扩张。

有限责任公司当然也有劣势，首先是双重纳税，由于不能公开发行股票，筹集资金的范围和规模一般不会很大，难以适应大规模的生产经营需要；其次是由于产权不能充分流动，企业的资产运作会受到限制。

几种企业形态的优劣势比较见表6-2。

表6-2 几种企业形态的优劣势比较

企业形态	优势	劣势
个体工商户	1个人或家庭，资本不限，内容易变，<8人	规模小，对债务承担无限责任
个人独资企业	1个人投资，资本不限，更规范，自己说了算，>8人	申报设立条件更多，规模比较小，对债务承担无限责任
合伙企业	2个人以上，条件互补，盈亏共负，风险同担	对债务承担无限连带责任，易生分歧
有限责任公司	规模较大，公司制架构管理更规范，有限责任	注册资本较高，入门难

三、选择合适的企业法律形态

选择企业法律形态时要考虑的主要因素如下。

第一，准备创办企业的规模；

第二，行业类型和发展前景；

第三，企业主或投资者的数量；

第四，创业资金的多少；

第五，行业选择（技术密集型、资金密集型、特殊行业）；

第六，创业者的观念（倾向个人决策还是协商合作）；

第七，企业承担的义务和责任。

选择企业的法律形态并非易事，要考虑很多方面。在选择企业的法律形态和注册企业时，应该寻求更多帮助。中国有专门为扶持小企业提供咨询的政府机构（如国家和各地区的工商管理局等）和非政府组织（工商联合会等），还有帮助下岗失业人员创业的劳动就业部门。

如果要开办一家大型或结构复杂的企业，应当咨询专业律师的意见。

记住：别人的意见只能提供参考，企业得自己办，千万不要被别人的意见左右。要有主见，如果要采用他人建议的法律形态，一定要弄清楚原因。

不同的企业法律形态各有利弊，在选择自己企业的法律形态时，要考虑企业自身的情况和将对企业产生的影响。

第一，如果企业主不打算借债，是否限制业主个人对企业债务所承担的责任就无关紧要，可以采用简单、经济的形式开办企业，如个体工商户或合伙企业就比较适合。

第二，如果企业主创业需要借大笔钱，企业负债很高，那么限制业主个人对企业债务所承担的责任就很重要，选择有限责任公司的法律形态较为适合。

第三，如果企业主有国外亲戚朋友愿意投资帮你创业，可以选择中外合资或中外合作的法律形态。

第四，如果企业主的资金和技术不足，但有志同道合的朋友愿意一起干，不妨选合伙企业、有限责任公司的法律形态。

第五，如果企业主不喜欢与他人合作，怕麻烦或怕得罪人，就考虑个体工商户或个人独资企业。

案例32：选择企业法律形态

黄亮和李燕开办企业的构思是以家庭经营为基础，所以决定选择个体工商户这种法律形态。他们做这个决定出于以下几个方面的考虑。

第一，法律对个体工商户没有最低资金额的限制，注册手续比较简单。他们想办的企业启动资金只需要几千元。而建立一家生产性的有限责任公司，注册资本则至少需要30万元，注册费用也高，他们不可能铺这么大的摊子。

第二，从风险角度来看，他们的资金、经验、技能、知识和精力足以开好一个家庭规模的小企业。他们做事谨慎，想一步一步地摸索。如果一开始还没把握就拉别的合伙人或股东的资金进来，会给自己带来过重的心理负担。

第三，从决策角度来看，开办企业千头万绪，必须有人说了算。夫妻俩自己好商量，决策快。如果有几个合伙人或股东在一起商量，人多嘴杂，不仅麻烦还容易得罪人。

第四，从纳税角度来看，个体工商户的经营利润也就是业主的收入，企业不交所得税，业主交个人所得税。另外，增值税税率较低，只有6%。

综上所述，他们相信，有2~3年的时间，他们就能积累足够的资金和管理经验来扩大企业。到那时就可以雇能人参与管理或者拉能人入伙，但也还是他们自己说了算。3年后女儿18岁，万一她考不上大学，就可以接替家长管理部分工作。

第二节 法律环境和企业主的责任

当我们选择了企业法律形态后，我们还必须知道企业要承担的法律责任，你的企业只有到工商部门登记注册，才能受到国家法律的保护。你的企业要遵守国家的税法、企业法、劳动法、环境保护法等相关的法律法规。

法律环境主要是法律意识形态及与之相适应的法律规范、法律制度、法律组织机构、法律设施所形成的有机整体。它主要包含内外有别的两个层次：一个是外显的表层结构，即法律规范、法律制度、法律组织机构及法律设施；另一个是内化的里层结构，即法律意识形态。社会中的人处于各种受法律调整的社会关系中，因此，法律关系也应当是法律环境的重要组成部分。

一、法律关系

法律关系是法律在调整人们行为过程中所形成的特殊的权利和义务关系。或者说，法律关系是指被法律规范所调整的权利与义务关系。法律关系是以法律为前提而产生的社会关系，没有法律的规定，就不可能形成相应的法律关系。法律关系是以国家强制力作为保障的社会关系，当法律关系受到破坏时，国家会动用强制力进行矫正或恢复。

法律关系由三要素构成，即法律关系的主体、法律关系的客体和法律关系的内容。

法律关系的特征有以下几个方面。

（一）法律关系是以法律规范为前提的社会关系

法律关系是由于法律规范的存在而建立的社会关系，没有法律规范的存在，也就不可能形成与之相应的法律关系。法律关系与法律规范两者之间的关系可以从两个方面来理解：一方面，法律规范是法律关系存在的前提，没有相应法律规范的存在，就不可能产生法律关系；另一方面，任何一种法律规范只有在具体的法律关系中才能得以实现。法律规范只规定人们的行为规范和相应的法律后果，它所针对的对象为一类人，因此具有普遍适用性。只有当人们按照法律规范的行为模式，或者说符合一定的法律事实时，才形成个人之间的权利义务关系。

（二）法律关系是以权利义务为内容的社会关系

法律关系与其他社会关系的重要区别，就在于它是法律化的权利义务关系，是一种明确的、固定的权利义务关系。这种权利和义务可以是由法律明确规定的，也可以是由法律授权当事人在法律的范围内自行约定的。

（三）法律关系是以国家强制力作为保障手段的社会关系

通过社会舆论和道德约束来实现的社会关系具有不稳定性与非强制性。而在法律关系中，一个人可以做什么、不可以做什么和必须做什么都是国家意志的体现，反映国家对社会秩序的一种维持态度。当法律关系受到破坏时，就意味着国家意志所授予的权利受到侵犯，意味着国家意志所设定的义务被拒绝履行。这时，权利受侵害一方就有权请求国家机关运用国家强制力，责令侵害方履行义务或承担未履行义务所应承担的法律责任，也能对违法者予以相应的制裁。因此，一种社会关系如果被纳入法律调整的范围之内，就意味着国家对它实行了强制性的保护。这种国家的强制力主要体现在对法律责任的规定上。

法律关系的上述特征是紧密联系的，即具有内在关联的一个整体，上述诸特征的完整结合，形成了法律关系从内部到外在的统一的特征。

对一个想创办企业的小企业主来说，不必了解有关法律的所有内容，只需要知道哪些法律和哪些关键内容与新办企业有关，重要的是法律意识。法律不仅对企业有约束的一面，也给你的企业以法律保护。遵纪守法的企业将赢得客户的信任、供应商的合作、职工的信赖、政府的支持，甚至赢得竞争对手的尊重，为企业营造一个良好的生存发展空间。

与新办企业直接有关的基本法律见表6-3。

表6-3　与新办企业直接有关的基本法律

法律名称	相关基本内容
《中华人民共和国企业法》	公司法，个人独资企业法，合伙企业法，个体工商户管理条例，中外合资，合作经营企业法，乡镇企业法等

续表

法律名称	相关基本内容
《中华人民共和国合同法》	一款合同的订立、效力、履行、变更和转让、权利义务终止、违约责任等，具体合同如买卖、借款、租赁、运输、技术、建设工程、委托等
《中华人民共和国劳动法》	促进就业、劳动合同和集体合同、工作时间和休息休假、工资、职业安全卫生、女职工和未成年工特殊保护、职业培训、社会保险和福利、劳动争议、监督检查等

与企业相关的其他法律如下：

会计法、税收征收管理法、产品质量法、消费者权益保护法、反不正当竞争法、保险法、环境保护法等。

二、工商行政登记

（一）依法注册

工商登记是政府在对申请人进入市场的条件进行审查的基础上，通过注册登记确认申请者从事市场经营活动的资格，使其获得实际营业权的各项活动的总称。

2013年3月10日，提请十二届全国人大一次会议审议的《国务院机构改革和职能转变方案》提出，要改革工商登记制度，将“先证后照”改为“先照后证”，将注册资本实缴登记制改为认缴登记制，并放宽工商登记其他条件。

新办企业，首先得给它一个明确的法律地位，如同办理“户口”。根据中国法律规定，新办企业必须经工商行政管理部门核准登记，发给营业执照，并获得有关部门颁发的经营许可证（如卫生、环保、特种行业许可证等）。营业执照是企业主依照法定程序申请的，规定企业经营范围等内容的书面凭证。企业只有领取了营业执照，才算有了“正式户口”般的合法身份，才可以开展各项法定的经营业务。

依据法律规定和企业设立登记的程序不同，分为以下企业。

①有限责任公司；

②有限责任公司（国有独资）；

③有限责任公司（自然人独资）；

④有限责任公司（法人独资）；

⑤股份有限公司；

⑥股份有限公司（上市）；

⑦有限责任公司分公司；

⑧股份有限公司分公司；

⑨集体所有制（股份合作）企业；

⑩集体所有制（股份合作）企业设立的非法人分支机构；

⑪集体所有制（股份合作）企业设立的法人分支机构；

⑫集体所有制（股份合作）企业设立的法人分支机构的营业登记单位；

⑬全民所有制企业；

⑭全民所有制企业的营业单位；

⑮集体所有制企业；

⑯集体所有制企业的营业单位；

⑰合伙企业（普通合伙、特殊普通合伙、有限合伙）；

⑱合伙企业的分支机构；

⑲个人独资企业；

⑳个人独资企业的分支机构；

㉑个体工商户。

（二）工商行政登记的步骤

注册一家新企业，一般要经过以下步骤：咨询领表—查询名称—入资验资—申请表、章程等材料受理—领取执照—办理税务、法人、企业组织代码登记。

在这一过程中，有几个重要环节需要注意。

第一，名称预先核准——为企业起一个好名字是每个创业者的愿望，公司名字的核准，需要工商注册机关在一定时间、范围内核查。

第二，行政许可——特殊行业需要提前办理特行申请并获准予后，才可以继续工商注册程序。比如，你要开设一家书店，就需要向辖区的文化部门申请“出版物经营许可证”。

第三，出具验资报告—— 一般需要到工商部门认可的会计师事务所或具备同等资质的机构办理，出资有现金、实物和无形资产等多种方式。

第四，公司章程——它是公司的核心文件，包含企业名称、股东及出资情况、组织机构等。

案例33：营业执照

黄亮和李燕听说个体工商户也需要申办营业执照。他们分头打听，结果众说纷纭。有的小贩说没领过；做生意早的说是在市工商管理局领的；有的说是在附近的工商管理所办的；还有的说是交钱给市场管理员代办的。他们这个企业到底要不要领执照？在哪里领？

最后是黄亮那个当记者的同学证实说，现在个人办企业的越来越多，大部分人和他们一样，是小本经营的个体工商户。个体工商户必须申办营业执照，且在工商管理所就能办。

三、依法纳税

纳税，即税收中的纳税人义务的执行过程，是根据国家各种税法的规定，按照一定的比率，把集体或个人收入的一部分缴纳给国家。依法纳税是公民和单位应尽的义务。税收是国家财政收入的主要来源，来之于民，用之于民。根据中国税法的规定，所有企业都要依法报税纳税。与企业和企业主有关的主要税种如下。

第一，增值税、营业税；

第二，企业所得税；

第三，个人所得税；

第四，消费税；

第五，关税；

第六，城市维护建设税；

第七，教育费附加等。

社会经济活动是一个连续运动的生生不息的过程：生产—流通—消费。国家对生产流通环节征收的税种统称“流转税”，对分配环节征收的税种统称“所得税”。这是最基本的两个税种。各类企业缴纳的一般税目税率见表6-4。

表6-4　各类企业缴纳的一般税目税率

<table>
<tr><th rowspan="2">企业类型</th><th colspan="2">流转税</th><th rowspan="2">企业所得税</th><th rowspan="2">城市维护建设税</th><th rowspan="2">教育费附加增值税</th><th rowspan="2">其他税种（因企业而异）</th></tr>
<tr><th>增值税</th><th>营业税</th></tr>
<tr><td>制造业</td><td>一般纳税人：17%；小规模纳税人（年销售100万元以下）：6%</td><td></td><td rowspan="4">一般：33%
两档照顾性税率：①年应纳税所得额3万元（含3万元）以下的企业18%；②年应纳税所得额10万（含10万）以下至3万元的企业27%</td><td rowspan="4">以流转税为基础
市区：7%
县城、镇：3%
偏远地区：1%</td><td rowspan="4">以流转税为基础：3%</td><td>资源税
消费税
（烟、酒、烟火鞭炮、化妆品、汽柴油等商品）</td></tr>
<tr><td>商业</td><td>一般纳税人：17%；小规模纳税人（年销售180万元以下）：6%</td><td></td><td>消费税
（金银首饰）</td></tr>
<tr><td>服务业</td><td></td><td>3%、5%、20%</td><td>消费税
（金银首饰）</td></tr>
<tr><td>农林牧渔业</td><td>17%</td><td></td><td>农业税
资源税
牧业税</td></tr>
</table>

注：个体工商户、个人独资企业和合伙企业不缴纳企业所得税。国家对个体工商户、个人独资企业和合伙企业的投资者，按5%~35%的超额累进税率征收个人所得税。

国家和地方还制定了一些税收优惠政策，如下。

①特殊商品（粮食、食用植物油、煤气、沼气、居民用煤制品、图书、报纸、杂志、饲料、农药、化肥、农机、农膜等）增值税率为13%。

②老、少、边、穷地区企业和高新技术企业可以根据情况减免税收。

③下岗失业人员从事个体经营、合伙经营和组织起来就业的，或者企业吸纳下岗失业人员和安置富余人员的，可以根据情况减免税收。具体政策可以向当地劳动部门咨询。

案例34：纳税

黄亮和李燕想打听纳税问题。他俩想规规矩矩办企业，当然也很关心纳税将对他们的企业和个人收入有多大影响。因为企业还没注册，街道办事处的人建议他们去工商管理所和税务所打听。

税务所接待人员听了他们的情况后，回答说：他们的家庭企业属于个体工商户，属于小规模纳税人，主要缴纳增值税和个人所得税，当然，还要缴纳以增值税为基数的教育费附加和城市维护建设税。由于计算方式较复杂，接待人员简化处理，建议他们掌握如下两项基本税率。

①增值税率6%：年营业净收入×6%=应缴增值税额

②个人所得税率5%：个人所得税=年毛利润+企业主工资

根据个人所得的大小不同，按5%~35%的超额累进税率缴纳个人所得税。对年净营业收入不低于5000元的个体工商户，纳税率为5%。

黄亮和李燕听后大概明白了，但他们还是想知道其他那些税种有多少，对他们收入的影响有多大。接待员回答说：请放心，数额很小。

四、尊重职工的权益

企业竞争力的一个关键因素是员工的素质和积极性。在劳动力流动加快和竞争加剧的形势下，优秀的劳动者越来越成为劳动力市场上争夺的重要资源。因此，新开办的企业一开始就要特别重视以下四个方面的问题。

（一）订立劳动合同

劳动合同是劳动者与企业签订的确立劳动关系、明确双方权利和义务的协议。订立劳动合同对双方都产生约束，不仅保护劳动者的利益，也保护企业的利益，它是解决劳动争议的法律依据。所以绝对不能嫌麻烦，或者为了眼前的小利而设法逃避。

劳动合同的基本内容如下。

第一，工作职责、定额、违约责任；

第二，工作时间；

第三，劳动报酬（工资种类、基本工资、奖金、加班、特种工作补贴）；

第四，作息时间（周假、节假日、年假、病假、事假、产假、婚丧假等）；

第五，社会保险、福利；

第六，合同的生效、解除、离职、开除；

第七，劳动争议处理。

一般各地都有统一的劳动合同文本，有关信息可以从当地劳动部门获得。

（二）劳动保护和安全

尽管创业初期资金紧张，但是企业应尽量创造良好的工作条件，防止工伤事故和职业病发生，做好危险和有毒物品的使用和储存，改善声、光、气、温、行、居等条件，以保证职工人身安全并提高他们的工作效率和积极性。

（三）劳动报酬

企业定的工资不能低于本地区劳动部门规定的最低工资标准，而且必须按时以货币形式发放给劳动者本人。有关最低工资标准的信息可以从当地劳动部门获得。

（四）社会保险

国家的社会保险法规要求企业和职工都要参加社会保险，按时足额缴纳社会保险费，使员工在年老、生病、因公伤残、失业、生育的情况下得到补偿或基本的保障。为职工办理社会保险对企业来说是强制性的。

记住：一个企业如果不能为员工提供最起码的社会保障，将很难吸引和留住管理与技术人才，企业主对此一定要高度重视。

目前我国的社会保险主要有：养老保险、医疗保险、失业保险、工伤保险和生育保险。办理社会保险的具体程序和要求可到当地劳动社会保障部门进行咨询。

案例35：劳动条件

黄亮和李燕在自己家里开办企业，所有的工作都得自己干，自然明白健康的重要。万一其中一人病了，企业就会受到很大的影响。所以他们一定要把工作条件安排好，这对自己、对工人未来的健康都很重要。李燕心细，体贴丈夫，为他开列了许多注意事项。

他们计划把维修瓦房剩下的料全用来建工棚，房屋建造要尽量结实。工棚的侧壁和棚顶上要开几个大玻璃窗，自然采光。多安几盏电灯，外面光线暗了可以点灯干活，不费眼睛，夜间也可以工作。夏天门窗都要打开通风。大门朝东开，不怕冬天刮西北风。冬天门口挂棉门帘，安装烟囱生煤炉取暖。桌椅、工作台的高矮调配好，避免驼背。为了安全，备一个灭火器。平时物料和工具码放整齐，防止人被绊倒。包装箱不用大号的，最多装10千克，防止搬运时扭伤腰背。

五、商业保险

经营一家企业总会有风险。各类企业的风险有差异，并非所有的企业风险都能投保。例如，产品需求下降是企业最基本的风险，就只能由企业自己承担；而另一些风险则可以通过办理保险来减少，如机器、存货、车辆被盗窃，资产发生火灾或意外等。

企业办了保险，一旦发生了问题，员工和企业的利益可以得到可靠的经济保障。有的企业主为了省钱而不上保险，其实是很失策的。如果一家企业（制造业、林业、商业等）没上保险，其贵重设备被盗窃，或发生火灾时，损失全由企业自己承担。

企业的保险险种通常包括如下两种。

①资产保险——如机器、库存货物、车辆、厂房的防盗险、水险和火险；商品运输险，特别是进出口商品需要这类险种。

②人身保险——业主本人和员工的商业医疗保险、人身事故保险、人寿保险等。

案例36：办不办保险？

黄亮、李燕刚开业时，手头紧，几个月之后能否挣钱也说不准，能不能省点钱投在事业上？商量之后，两人有了这样的打算。

头一年不办医疗保险。黄亮头一年可以享受单位的公费医疗，等自己的企业有了起色，退职后再办医疗保险。李燕身体好，没生过大病，平时不吃药。一个人一年200元保险费，两个人就是400元，这笔钱可以用来办厂。于是他决定从第二年起，就给自己和工人买保险。

头一年不办工伤保险。黄亮他们这一行不用机器，不和电及有毒化工产品打交道。不办工伤保险，可以省100元。

头一年不办防盗险。作坊里只有桌椅板凳、小工具和工作台、少量原料和库存品，价值不高，不怕被偷。不办防盗险，可以省150元。

办防火保险。尽管他们采用冷塑工艺，不用烧结窑，唯一易燃的原料羊毛用铁桶存放，搁在院子里，又有灭火器，且不买防火险可以省240元，但作坊毕竟在自家院里，万一发生火灾，损失就大了，所以决定办防火保险。

从专为小企业提供法律事务咨询的政府或非政府机构里都能得到有关保险的信息，可根据自己企业的情况决定投保哪些险种。

记住：保险公司将设法出售他们的保险项目。最明智的办法是比较核实各种渠道的信息，为你的新企业购买最合适的保险。

思考题：

1. 创办企业时，如何选择合适的法律形态？
2. 和企业日常经营相关的法律有哪些？

第七章　0到1的企业创建

在创新创业的浪潮中，“从0到1”是最具标志性的成长刻度，这不仅是企业从无到有的物理诞生，更是创意从抽象到具象、价值从潜在到显化的质变过程。无数案例证明，创业的真正挑战往往不在蓝图绘制的瞬间，而在将想法落地为可持续运营实体的起步阶段。

商业模式的选择是起点，它如同企业的“基因密码”，决定了价值创造的逻辑、盈利路径的设计，以及与用户、伙伴的关系构建，没有清晰的商业模式，再精妙的创意也难以落地生根。当模式框架确立后，营销破局成为打开市场的关键一步，在竞争激烈的环境中，如何让产品被精准看见、被深度认可，实现从“产品存在”到“用户选择”的跨越，考验着创业者的市场洞察力与资源整合力。生存是初创企业的第一要务，从团队搭建、现金流管理到资源优化，创业者要在资源有限的条件下守住生命线。而风险防控则是长远发展的保障，市场波动、运营漏洞、法律盲区等潜在风险，都可能让起步阶段的企业戛然而止，提前识别、科学应对风险，才能为企业穿上“防护衣”。

第一节　商业模式选择

在当今快速变化的市场环境中，创业者必须具备一种独特的商业理念，才能在激烈的竞争中脱颖而出。本节将探讨如何打造独特的卖点、设计创新的商业模式以及实施产品或服务的差异化策略。

一. 打造独特卖点

独特卖点是指企业所提供的产品或服务在市场中与其他竞争者相比所具有的显著差异。在创办小企业时，打造独特卖点非常关键。

在当今激烈的市场竞争中，企业要想脱颖而出，就必须具有清晰且独特的卖点。独特卖点是能够有效吸引目标客户的关键因素，它不仅能帮助企业定位市场，还能提升品牌的识别度和客户忠诚度。

（一）打造独特卖点的必要性及实施方法

1. 市场竞争日益激烈

随着全球化的发展和互联网的普及，市场竞争变得愈加激烈，无论在B2B（企业对企业）还是B2C（企业对消费者）市场，都出现了大量类似产品。消费者面对选择时，往往难以判断，因此，企业需要通过独特卖点明确区分自己与竞争对手。

（1）消费者需求多样化

现代消费者的需求日趋多样化，他们不仅关注产品的功能与质量，还在意品牌的价值、故事、文化等，因此，独特卖点应涵盖这些方面，才能真正引起消费者的兴趣。

（2）提升品牌忠诚度

具备明显独特卖点的品牌，通常能够激发消费者的情感共鸣，从而提高客户的忠诚度。忠诚的客户不仅会重复购买，还会主动为品牌宣传，形成良性传播。

2. 所需的关键要素

（1）深入了解目标市场

在打造独特卖点之前，企业必须深入了解其目标市场，这包括市场的规模、潜力、目标客户的行为习惯、需求痛点等。通过市场调研收集数据，帮助企业确定消费者真正关心的是什么。

（2）分析竞争对手

分析竞争对手非常重要。企业需要明确当前市场上已有的产品、品牌定位与市场策略，通过SWOT分析（分析企业的优势、劣势、机会和威胁），找出自己的竞争优势所在。

（3）找出自己的核心竞争力

核心竞争力是企业提供给消费者的独特价值，它可能是成本领先、产品质量、创新性或者独特的客户体验，企业需要明确自身在市场中的强项，通过强化核心竞争力打造独特卖点。

（4）引入情感元素

独特卖点不仅限于产品的功能或性能，也可以是品牌的故事、文化背景、用户体验等与消费者产生情感共鸣的元素。通过讲述品牌故事和传达品牌价值观，可以增强消费者的代入感和认同感。

3. 实施步骤

打造独特卖点的实施过程可以分为以下几个步骤。

（1）进行市场调研

创办企业的第一步是了解市场及目标客户的需求。进行广泛的市场调研，包括问卷调查、面对面访谈和数据分析，从而了解客户的痛点和需求，了解竞争对手的优势与劣势，将帮助你清楚地识别出自身的独特卖点。

了解并定义目标客户及其需求。这可以通过问卷调查、焦点小组、在线分析等多种方式进行。企业需关注消费者的行为、需求、偏好和痛点，收集有关消费者关注的关键点数据。

（2）SWOT分析

通过SWOT分析评估自己的市场位置，明确自身的优势与不足，结合市场调研的数据，找出竞争对手的策略和产品特点，明确自身能够施展的独特价值。

（3）定义核心竞争力

在上述分析基础上，进一步梳理出企业的核心竞争力。企业可以考虑多个维度，如成本控制、产品质量、客户服务、技术创新等，根据不同市场需求明确竞争策略。

（4）整合信息

结合市场需求、竞争分析及自身优势，将以上信息整合成一个清晰的独特卖点。独特卖点应简洁明了，能够准确传达出品牌核心价值。

（5）测试与反馈

在完成上述步骤后，企业需要对独特卖点进行市场测试，获取目标客户的反馈，通过小规模市场推广、测试活动和用户访谈等形式收集意见，做出相应调整。

4. 实际案例

（1）苹果公司

苹果公司的独特卖点在于其优雅的设计、简单的操作体验和生态系统的整合。苹果公司始终围绕设计和用户体验进行创新，强调“高端”与“精致”。这一理念不仅吸引了大量的忠实用户，也使苹果公司的产品在众多电子产品中脱颖而出。

（2）特斯拉

特斯拉的独特卖点在于其环保性与高科技，以及对电动车驾驶体验的重新定义。特斯拉不仅是电动车生产商，更是绿色科技的倡导者，其“可持续未来”的理念深深吸引了一批追求环保的消费者。

（3）俏江南

作为中国知名的连锁餐饮品牌，俏江南的独特卖点在于它对“中国现代时尚饮食文化”的重新定义，通过将传统的中式餐饮与现代的服务理念相结合，俏江南成功塑造了高端、时尚的品牌形象。

打造独特卖点是企业生存与发展的核心策略之一，在市场竞争激烈、消费者需求多样化的今天，独特卖点不仅是实现差异化竞争的利器，也是提高客户忠诚度和品牌价值的重要手段。通过深入了解市场、分析竞争对手以及明确核心竞争力，企业能够持续提升其独特卖点，通过有效的市场宣传真正打动目标客户，实现业务的持续增长。企业在此过程中应保持灵活，随着市场和消费者需求的变化，不断调整和优化独特卖点，以应对新的挑战和机遇。

（二）独特卖点的挖掘方法

1. 深度市场调研

通过问卷调查、焦点小组访谈、深度用户访谈等方式，直接收集目标客户的痛点、需求和期望。分析市场报告、行业白皮书等资料，掌握市场趋势和未被满足的需求。例如，在线教育平台通过调研发现职场人士对碎片化、实战性课程需求强烈，开发“10分钟行业案例拆解”课程，精准填补市场空白。

2. 全面剖析竞争对手

系统梳理竞争对手的产品功能、服务模式、定价策略、宣传卖点等，找出其优势与不足。以新能源汽车市场为例，当多数品牌主打续航和快充技术时，某车企聚焦城市年轻用户，强调个性化外观设计与智能交互体验，成功实现差异化突围。

3. 聚焦自身优势

审视企业在技术、资源、人才、供应链等方面的独特优势。比如，老字号餐饮品牌凭借百年传承的秘制配方，将独特口味作为核心卖点；科技企业依托专利技术，推出具有独家功能的产品，强化自身不可替代的竞争优势。

4. 创新思维碰撞

组织跨部门团队进行头脑风暴，结合新技术、新场景和新消费趋势，挖掘潜在卖点。例如，智能家居企业将健康监测与家居设备结合，推出可实时监测空气质量、睡眠健康的智能产品，为用户创造全新价值体验。通过以上多种方法的综合运用，企业能够精准定位独特卖点，为商业模式构建坚实基础。

（三）独特卖点的塑造原则

1. 真实性原则

真实性是独特卖点立足的根本。企业所提出的独特卖点必须基于真实的产品特性、服务能力或企业优势，能够经得起市场和消费者的检验。虚假的卖点或许能在短期内吸引关注，但一旦被识破，将严重损害企业信誉，甚至引发法律风险。例如，某护肤品牌宣称其产品能在7天内彻底治愈顽固色斑，但实际并无临床数据支持，最终因虚假宣传被处罚，品牌形象一落千丈。真实的独特卖点应源于产品研发的核心技术、原料优势或服务流程的独特设计。如农夫山泉以“取自天然水源”为卖点，其背后是对全国优质水源地的长期布局与严格监测，真实可证的天然属性让消费者信赖，成就品牌长期竞争力。

2. 独特性原则

独特卖点需要展现出企业与竞争对手的显著差异，具备难以模仿和超越的特性。这种独特性可以体现在技术专利、独家资源、创新模式等多个维度。例如，星巴克通过打造“第三空间”概念，将咖啡馆定位为家庭和工作之外的社交休闲场所，从空间设计、服务氛围到文化营造都形成独特体验，竞争对手即便模仿店面装修，也难以复刻其品牌文化内涵，这便是独特性原则的典型体现。

3. 价值性原则

独特卖点的价值在于能切实满足用户需求，为用户带来可感知的利益。无论是降低成本、提升效率、解决痛点，还是创造愉悦体验，都需要与用户的核心诉求紧密相连。比如，拼多多以“拼团低价”为卖点，精准抓住下沉市场消费者对性价比的追求，通过团购模式整合供应链，为用户提供价格实惠的商品，实现了快速崛起。又如，钉钉针对企业办公场景，推出“移动审批、即时通信、任务协同”等功能，有效解决企业管理效率低、沟通成本高的问题，这些功能转化为“提升办公效率”的独特卖点，为企业用户创造显著价值。

4. 可传播性原则

独特卖点需要具备良好的传播性，能够以简洁易懂、生动形象的方式传递给目标受众。过于复杂或晦涩的表述会增加传播难度，削弱影响力。可口可乐“Open Happiness”（畅爽开怀）的卖点，用简单的词汇传递出饮用产品带来的愉悦感受，易于记忆和传播；小米手机早期以“为发烧而生”为卖点，精准传达出产品高性能、满足技术爱好者需求的核心价值，通过社交媒体迅速扩散。此外，可传播性还体现在卖点与传播渠道的适配性上，企业需根据不同平台的特点，将独特卖点转化为短视频、图文、标语等多样化形式，增强传播效果，提升品牌认知度与市场影响力。

二、创新的商业模式设计

在快速变化的商业环境中，企业面临着前所未有的挑战和机遇。创新的商业模式，不仅关乎产品的销售，还涉及价值创造、交付和获取收益的全过程，是企业取得成功的重要因素。本部分将探讨如何进行创新的商业模式设计，并深入分析其中的几个关键要素，包括价值链分析、多样化收入来源以及持续优化商业模式。

（一）价值链分析

价值链分析是理解企业在每个环节创造价值的关键步骤。通过识别和评估传统业务流程中的每个环节，企业可以发现提升效率和降低成本的机会。

1. 理论基础

价值链分析的概念最早由迈克尔·波特（Michael Porter）提出，强调企业在每个环节都可以通过不同的活动创造价值。这些活动通常分为基本活动和辅助活动。

基本活动：包括内部物流、生产、外部物流、营销和销售、服务等。

辅助活动：包括企业基础设施、人力资源管理、技术开发、采购等。

通过详细分析这些环节，企业能够识别出哪些活动最能提升客户价值，从而更好地优化其商业模式。

2. 利用技术提升效率

技术的发展为优化价值链提供了坚实的基础。通过引入自动化、数据分析和信息系统，企业可以在以下环节中提升工作效率。

内部物流：实施仓库管理系统（WMS）可以降低库存成本，提升库存周转率。

生产环节：利用物联网实现设备的实时监控与数据分析，提升生产效率，减少停机时间。

营销和销售：借助数字营销技术（如SEO、社交媒体广告）可以更精准地触达目标客户，实现销售增长。

3. 合作伙伴关系的重组

在当今商业环境下，构建强大的合作伙伴关系尤为重要。企业可以通过与供应商、分销商和其他相关企业建立战略联盟，扩展市场规模。

共同开发：与具备研发能力的企业共同开发新产品，可以降低研发成本，提高市场适应性。

联合营销：与其他相关品牌进行交叉推广，能够实现资源共享，扩大客户基础。

4. 案例分析

以星巴克为例，其商业模式深植于价值链的优化。星巴克在每个环节的执行都具备高效率，不仅通过优质的原材料确保咖啡的质量，还通过培训员工提升服务体验。此外，星巴克与全球范围内的咖啡豆供应商建立长期合作关系，确保了原料的稳定供应，并推动可持续发展。

（二）多样化收入来源

在现代商业环境中，单一收入来源使企业面临较高的风险。因此，企业需要探索多样化收入来源，以提高抗风险能力并拓展市场机会。

1. 多元化收入模式

企业可以通过引入新的业务线、服务或产品类型实现收入多元化。以下是几种常见的多元化收入来源。

产品销售：核心产品仍然是一个主要的收入来源。

增值服务：例如，提供定制化服务、安装服务或维护保养服务等。

订阅模式：企业可考虑通过会员模式、定期订阅服务等新模式，实现稳定的收入流。例如，健身房、软件公司（如Adobe的Creative Cloud）等。

线上课程或咨询服务：将专业知识转化为收入。例如，个人培训师或专家可以设计线上课程，帮助用户学习新技能。

2. 案例分析：Netflix

Netflix的商业模式从单一的DVD租赁，演变为多样化的流媒体平台，成功吸引了大量订阅用户。Netflix通过收购版权和自制内容，实现了多样化的收入来源，使其不再依赖于单一类型的内容。Netflix的成功案例体现了在商业模式设计中，多样化是开启新市场和抵御风险的重要策略。

（三）持续优化商业模式

在当今快速变化的商业环境中，企业的生存与发展不仅依赖于其初步设计的商业模式，还需要进行持续的优化与调整。为了确保持续的市场竞争力和客户满意度，企业必须具备灵活的商业模式以适应不断变化的市场需求、技术进步和竞争环境。

1. 对客户反馈的重视

客户反馈是企业优化商业模式的重要依据。通过积极获取和分析客户的反馈信息，企业能够准确把握市场需求的变化，从而在产品、服务和营销等多方面进行必要的调整。

（1）收集反馈的方法

在线调查问卷：企业可以利用各类在线调查工具（如SurveyMonkey、Google Forms等）设计问卷，定期向客户发送，以收集他们对产品和服务的看法。

社交媒体互动：通过社交媒体平台（如Facebook、Twitter、Instagram等）与客户保持互动，关注他们的评价和建议，并及时做出回应。

客户访谈与焦点小组：定期组织客户访谈或焦点小组讨论，深入了解客户的需求、期望和使用体验。这种定性研究能提供更深刻的见解。

用户体验测试：在产品开发过程中，邀请目标用户参与用户体验测试，观察他们在使用产品过程中的行为和反馈，以便对产品进行改进。

（2）反馈的分析与应用

企业在收集到客户反馈后，需要进行系统的分析，以识别出共性问题和改进方向。可采用以下步骤。

数据分类：将反馈分类（如产品质量、服务效率、价格合理性等），便于后续分析。

趋势分析：通过对反馈数据的趋势分析，识别出潜在的问题和改进机会，制定相应的优化策略。

闭环反馈：向客户反馈企业所做的改进和调整，使客户感受到他们的意见被重视，有助于提高客户的忠诚度。

（3）实际案例分析：Slack

Slack是一款广受欢迎的团队协作工具，其成功的关键之一在于对客户反馈的高度重视。Slack注重用户体验，通过用户社区、社交平台和定期的用户访谈，收集用户的建议与意见。通过分析这些反馈信息，Slack不断优化其产品功能，如增加文件共享、实时搜索和自定义通知等功能，逐步构建出一款用户友好且高效的协作工具。这种持续的反馈机制使Slack在竞争中始终保持领先地位。

创新的商业模式是企业在复杂多变的现代商业环境中获得成功的重要因素。价值链分析、考量多样化收入来源及持续优化商业模式是关键要素。通过深入分析内部价值创造过程，打造多元化的收入Streams，并保持灵活的调整能力，企业能够不断适应市场的变化，提升自身的竞争优势。最终，这些策略不仅帮助企业实现短期的商业目标，更为企业的长期可持续发展奠定了基础。

2. 对市场趋势与技术创新的动态追踪

（1）宏观经济与政策趋势洞察

宏观经济走向和政策法规变动，对企业商业模式有着深远影响。密切关注GDP增长、通货膨胀率、利率波动等经济指标，能帮助企业预判市场需求的起伏。在政策法规层面，不同行业受政策影响程度各异。新能源汽车行业，国家补贴政策和环保标准推动企业加大研发投入，提升续航里程、优化电池技术，同时，加速充电桩等基础设施建设，完善产业生态。金融行业对政策敏感度极高，监管政策的调整直接影响企业的业务范围、运营模式与风控体系。企业应建立政策跟踪机制，与行业协会保持紧密沟通，提前布局应对政策变化，避免陷入被动。

（2）行业动态与竞争态势分析

深入了解所处行业的发展阶段、市场饱和度、增长趋势等，是企业调整商业模式的关键依据。新兴行业如人工智能、区块链，发展迅猛、潜力巨大，但竞争格局尚未稳定，企业需聚焦技术研发、产品创新，抢占市场先机，以技术壁垒和独特产品服务吸引早期用户，构建竞争优势。成熟行业竞争激烈，市场趋近饱和，企业可通过差异化竞争、成本领先或聚焦细分市场突围。定期分析竞争对手的产品、价格、渠道、营销策略，挖掘其优势与短板，有助于企业找准自身定位，优化商业模式，实现弯道超车。

（3）新兴技术趋势研究与应用

技术创新是商业模式变革的核心驱动力，大数据、云计算、物联网、人工智能等新兴技术，正重塑各行业的运营模式和商业逻辑。零售企业借助大数据分析消费者购买行为、偏好和消费习惯，实现精准营销、智能选品与供应链优化，提升库存周转率和客户满意度；制造业通过物联网技术实现设备互联、生产过程实时监控，构建智能制造体系，提高生产效率、降低成本、提升产品质量。企业应积极关注前沿技术发展趋势，参与行业技术研讨会、与科研机构合作，探索新技术在本行业的应用场景和商业价值。

（4）消费者需求与行为变化追踪

消费者需求和行为随时代发展不断演变，这要求企业持续优化商业模式，以满足消费者日益多样化、个性化的需求。随着生活节奏加快，消费者更倾向于便捷、高效的产品和服务。外卖、电商、即时配送等行业的兴起，正是对这一需求变化的响应。企业应利用线上调研、用户反馈、社交媒体监测等手段，实时捕捉消费者需求变化。消费观念的转变也不容忽视，当下消费者越发注重产品品质、环保属性、社会责任等因素。有机食品、环保家居、共享出行等领域的火爆，反映出消费者对绿色、可持续生活方式的追求。企业可通过开发绿色产品、采用环保生产工艺、参与公益活动等方式，顺应这一消费趋势，塑造良好品牌形象，增强消费者认同感和忠诚度，从而优化商业模式，提升市场竞争力。

3. 成本结构与盈利模式的迭代升级

（1）精细化成本管控，优化资源配置

企业需对成本结构进行全面梳理与精细化管控，识别低效或冗余环节，通过技术、管理与流程优化降低运营成本。首先，借助数字化工具实现成本动态监控，利用大数据分析追踪各业务环节的资源消耗，精准定位高成本区域。其次，推进自动化与智能化改造，替代重复性人工劳动。最后，优化供应链管理，通过与核心供应商建立长期战略合作，实现集中采购、联合研发，增强议价能力，降低采购成本。通过系统化的成本管控措施，企业能够实现资源的高效配置，为商业模式的可持续发展夯实基础。

（2）多元化盈利模式创新，拓展收入来源

单一盈利模式在市场波动中抗风险能力较弱，企业需突破传统思维，探索多元化盈利路径。一方面，从产品或服务延伸价值链条，例如，硬件企业从单纯销售设备转向“产品+订阅服务”模式。智能健身器材厂商除销售设备外，推出付费线上课程、会员定制训练计划，将硬件一次性收入转化为持续的服务型收入。另一方面，挖掘跨界合作潜力，通过资源互补创造新盈利点。如美妆品牌与热门IP联名推出限量产品，借助IP流量提升销量与品牌溢价；汽车企业与科技公司合作，将自动驾驶技术授权给其他厂商，获取技术授权费用。此外，还可利用平台经济思维，构建生态化盈利模式，例如，电商平台在交易佣金基础上，拓展广告营销、数据服务、金融服务等业务，形成多层次盈利体系。多元化盈利模式的创新，能够帮助企业分散风险，提升市场适应能力。

（3）动态调整盈利策略，实现价值最大化

盈利模式的迭代并非一劳永逸，企业需根据市场环境、竞争态势与用户需求变化，动态调整盈利策略。定期分析市场数据与用户反馈，评估现有盈利模式的有效性与可持续性，及时淘汰低效或过时的业务。同时，利用新技术优化盈利模式，如通过区块链技术实现数字内容的版权保护与精准付费，提升创作者收益；运用人工智能算法实现广告的精准投放，提高广告主ROI（投资回报率）。此外，关注新兴消费趋势，针对个性化、定制化需求推出差异化付费方案，通过持续动态调整，企业能够确保盈利模式始终契合市场需求，实现商业价值最大化。

三、产品或服务的差异化策略

在激烈的市场竞争中，企业需要通过有效的差异化策略来脱颖而出，提升自身产品或服务的竞争力。差异化策略不仅能够提高顾客的品牌忠诚度，还能够使企业在价格竞争中获得更大的灵活性和议价能力。本部分将深入分析产品或服务差异化策略的形成、实施步骤以及案例研究，探讨如何通过差异化设计满足市场需求，并实现可持续竞争优势。

（一）差异化策略的概念与重要性

1. 差异化策略的定义

差异化策略是指企业通过产品或服务设计、品质、技术、品牌形象等方面的特点，使其产品或服务在市场中与竞争对手的产品形成明显区别，以满足特定目标客户的需求。差异化不仅体现在产品功能和质量上，还体现在客户服务、售后支持、品牌故事等多个层面。

2. 差异化策略的重要性

提高客户忠诚度：通过提供独特价值，差异化的产品能够增强消费者对品牌的认同感与忠诚度，降低客户流失率。

降低价格弹性：具有差异化的产品通常能够在一定程度上规避价格竞争，消费者愿意为独特价值支付更高的价格。

创造竞争壁垒：通过特定的技术、设计或品牌形象，企业可以形成进入壁垒，阻止新竞争者进入市场。

增强市场占有率：差异化策略能够让企业在细分市场中获得更高的市场占有率，成为行业领导者。

（二）差异化策略的类型

1. 产品差异化

产品差异化是通过产品的特性、功能、设计及其附加值实现的。企业可以通过以下途径实现产品差异化。

功能差异化：提升产品的功能和性能，使其具备更强的实用性和技术优势。例如，智能手机的摄像头技术、运算速度等。

设计差异化：独特的外观设计使产品在视觉上吸引消费者。设计不仅影响产品的美观度，还能提升用户体验。

质量差异化：通过严格的品质控制和高标准的生产工艺，确保产品质量在行业中处于领先地位。

品牌差异化：构建独特的品牌形象与故事，让消费者对品牌产生情感共鸣，从而形成品牌忠诚。

2. 服务差异化

服务差异化体现在顾客体验和附加服务的提供上，关键要素包括以下几点。

客户服务：提供卓越的客户服务，如快速响应、专业咨询、个性化服务等，增强顾客满意度。

售后支持：建立良好的售后服务体系，让消费者在购买后享有持续的支持与保障。

个性化体验：通过数据分析了解客户需求，提供定制化的产品或服务，提升客户体验。

3. 组合差异化

将产品差异化与服务差异化结合，通过整体方案提升市场竞争力。例如，某家健身房不仅提供高质量的健身器材和环境，还配备专业的教练团队，提供个性化的健身方案以及饮食建议。

（三）差异化策略的实施步骤

1. 市场调研与分析

目标市场识别：明确目标市场的特征，分析消费者的需求和偏好，以及竞争对手的市场策略。

消费者调研：通过问卷调查、访谈等手段，深入了解目标客户的需求和痛点，识别消费者对产品和服务的期望。

竞争分析：研究竞争对手的产品特点、市场定位和定价策略，找出市场中的空白点与差异化机会。

2. 明确差异化方向

独特卖点：根据市场调研结果，明确企业产品或服务的独特卖点，做出清晰的差异化定位。

品牌定位：制定品牌差异化策略，建立符合目标客户期望的品牌形象。

产品开发：在产品开发过程中，融入差异化设计理念，确保产品具备独特性和市场吸引力。

3. 实施与推广

营销策略：通过以差异化为核心的市场营销策略，如针对性广告、社交媒体营销等，提高产品知名度。

客户体验设计：优化客户接触点，提升客户购买及服务体验，确保服务质量与品牌形象一致。

持续改进：根据市场反馈不断优化产品和服务，确保长期维持差异化优势。

在当今的商业环境中，通过有效的产品或服务差异化策略，企业能够获得可持续的竞争优势。成功的差异化策略要求企业深入了解市场需求，明确自身的独特优势，并不断优化产品和服务。通过有效的实施步骤，企业不仅可以满足不同客户的需求，还可以在竞争激烈的市场中树立独特的品牌形象和长久的客户关系。因此，差异化策略应成为企业战略规划中的重要组成部分，以推动其持续发展与增长。

第二节　营销破局

营销和推广是企业成功的重要因素之一。本节将探讨品牌建设的重要性、线上线下营销渠道选择以及客户关系管理。

一、品牌建设的重要性

品牌是企业与顾客之间的联系，它不仅塑造了企业的形象，还影响了客户对产品的认知和忠诚度。

在当今市场竞争日益激烈的环境中，品牌建设已成为企业生存与发展的核心要素之一。品牌不仅是企业形象的体现，更是消费者心中对企业认知和信任的体现。因此，品牌建设的重要性不容忽视，以下将从多个维度探讨品牌建设对企业的深远影响。

1. 提升企业竞争力

品牌建设帮助企业在产品同质化严重的市场中突出重围。一个强有力的品牌不仅能为产品赋予独特的价值，还能使其在一众竞争对手中脱颖而出。消费者往往更倾向于选择他们熟悉和信任的品牌，这样可以在一定程度上减少选择的复杂性。因此，良好的品牌形象能够帮助企业在市场中占据更有利的位置，提升市场竞争力。

2. 增强客户忠诚度

品牌建设与客户忠诚度息息相关。消费者对品牌的忠诚度不仅体现在重复购买上，还体现在他们愿意为品牌支付溢价的意愿上。当品牌成功建立起独特的价值主张时，消费者更容易与其产生情感联系，形成稳定的购买习惯。这种忠诚度不仅能提升企业的销售额，还能有效降低客户获取成本，使企业获得更高的利润率。

3. 提高市场知名度

品牌建设能够显著提高企业在市场中的知名度。通过有效的市场营销策略、品牌传播和公关活动，企业能够将品牌形象深深植入消费者的脑海中。品牌知名度的提升不仅有助于吸引新客户，还能增强现有客户的信任感。当消费者在面对选择时，他们更容易选择那些熟知的品牌，从而降低了决策的风险。

4. 促进产品和服务的溢价

强势的品牌往往能够为产品和服务带来溢价能力。这是由于品牌所传递的质量承诺和价值认知，使得消费者愿意为品牌支付更高的价格。例如，苹果、耐克等品牌的产品往往因受欢迎的品牌形象而获得比同类产品更高的市场价格。通过品牌建设，企业能够不仅依赖于产品本身的功能，更通过品牌价值提升产品的附加值，从而增厚利润。

5. 拓展市场空间

品牌建设为企业的市场扩展提供了基础。当一个品牌在某个市场建立了良好的声誉和形象，企业将更容易成功进入新的市场或推出新产品。这是因为品牌所建立的信任度和消费者的认知，会为企业提供一种“借力”的机会，降低市场进入的风险。例如，许多公司在成功建立母品牌后，便可以通过推出子品牌战略拓展新的业务领域。

6. 增强企业的内部凝聚力

品牌不仅仅是外部沟通的工具，对于企业内部也具有重要意义。一个清晰且具有吸引力的品牌愿景能够极大地增强员工的归属感和认同感，促进团队的凝聚力。当员工意识到他们在为一个有价值的品牌工作时，往往会更加投入和积极。这种内部文化的建设，不仅提升了员工的工作效率，还能够促进企业的可持续发展。

7. 增加投资吸引力

品牌建设能够提升企业的整体估值和吸引投资者的能力。投资者通常会关注企业的品牌影响力和市场地位，这直接影响到投资决策。当企业拥有强势的品牌时，能够在融资、并购和其他资本运作中得到更高的认可与支持。一些优秀的品牌在资本市场的表现往往远超同行，这也进一步证明了品牌建设的重要性。

8. 应对危机管理

在企业面临危机或负面事件时，品牌的声誉和形象能够决定企业的恢复速度。良好的品牌建设能够帮助企业在危机中保持客户的信任和支持，减少损失。品牌的核心价值和信念越坚固，企业在危机中重建信任的机会就越大。

综上所述，品牌建设对于企业的成长与发展具有重要的意义。从提升市场竞争力、增强客户忠诚度，到提高市场知名度和溢价能力，品牌在现代商业环境中起着举足轻重的作用。随着市场环境的不断变化和消费观念的日益革新，企业应不断创新和适应，强化品牌建设，以确保在激烈的竞争中立于不败之地。品牌不仅是企业的标识，更是企业长期发展的基石，只有通过有效的品牌建设，企业才能实现可持续的增长和成功。

二、线上线下营销渠道选择

在当今快速发展的市场环境中，企业面临着各种营销渠道的选择。线上与线下营销渠道各有优势和特点，如何根据自身情况和市场需求选择合适的渠道，成为企业成功的重要因素。本部分将探讨线上和线下营销渠道的特征、优势、劣势，以及如何进行有效的整合和选择。

（一）线上营销渠道

（1）特点与形式

数字化：线上营销以互联网为基础，涵盖社交媒体、内容营销、搜索引擎优化、电子邮件营销、在线广告等形式。

即时性：线上营销能够实时传递信息，能够迅速响应市场变化。

（2）优势

广泛触达：线上营销打破了地域限制，可以迅速接触到全球范围的用户。

成本效益：相较于传统广告，线上营销往往成本更低，尤其是社交媒体和内容营销。

精准定位：利用数据分析和用户行为分析，企业能够更准确地定位目标客户，实现个性化营销。

互动性：线上营销能够与客户进行即时互动，提高客户的参与感和品牌忠诚度。

（3）劣势

信息过载：用户面对海量信息时，容易产生无感，品牌难以脱颖而出。

依赖技术：线上营销对技术的依赖性较高，需要具备一定的技术能力与资源。

持续性投入：成功的线上营销需要不断投入时间和资金，保持与用户的联系和互动。

（二）线下营销渠道

（1）特点与形式

实体接触：线下营销强调通过实体店、展会、促销活动、直邮等方式与消费者接触。

体验感受：客户能够直接体验产品或服务，从而更有信心进行购买。

（2）优势

亲密关系：面对面沟通能够更好地建立信任关系，加强客户与品牌之间的联系。

品牌印象：线下活动的现场体验通常更加深刻，顾客能对品牌留下更加直观、持久的印象。

即刻交易：潜在客户在体验后，可以立即进行交易，缩短购买决策的周期。

（3）劣势

地域限制：线下营销通常受到地理位置的限制，覆盖范围有限。

成本较高：线下渠道的开发和维护往往需要较高的成本，尤其是租金和人力成本。

难以收集数据：线下渠道的客户行为监测相对困难，企业难以进行精准数据分析。

（三）选择营销渠道的策略

1. 明确目标客户

企业应根据目标客户的特征、行为习惯选择合适的营销渠道。比如，年轻消费者可能更倾向于线上购物，而中老年群体则可能更习惯于线下消费。

2. 综合考虑产品特性

对于重体验、高价值的产品，如奢侈品、汽车等，线下渠道可能更能够提升客户体验和满意度；而对于日常用品，线上渠道可能更具优势。

3. 互补性与融合

企业可选择线上线下渠道的融合策略，通过举办线下活动吸引线上流量，利用线上广告推广线下活动。例如，开展线上引流到实体店的促销活动，或者线下活动的直播推广，增强互动感与参与度。

4. 数据驱动的决策

利用数据分析两种渠道的效果，衡量投资回报率（ROI），从而进行灵活调整。根据消费者反馈、销售数据等指标，及时优化营销策略。

5. 关注营销预算

预算的合理分配是选择渠道的重要因素。需要根据各渠道的成本效益分析来制定合理的营销预算，最大限度地提高收益。

6. 动态适应市场变化

随着市场和技术的快速变化，企业需要保持敏感，依据市场变化及时调整渠道策略。定期评估营销效果，进行调整以适应新的市场需求。

线上和线下营销渠道各有其独特的优势与劣势，如何根据自身的产品特性、目标客户和市场需求选择与运用这些渠道，是企业取得成功的关键。在现代市场中，单一的营销渠道已经不足以应对复杂多变的消费环境，企业应致力于构建线上线下的融合系统，通过多渠道交互与数据驱动的决策，实现品牌价值最大化，进而提高市场竞争力。

三、客户关系管理

良好的客户关系管理（CRM）能够提高客户的忠诚度和满意度，从而带来更多的回头客和口碑传播。

（一）CRM的重要性与实施

CRM是企业在与客户互动过程中所采用的一种策略和技术。它旨在通过深入了解客户需求、提升客户满意度和忠诚度，从而实现企业和客户的双赢。随着市场竞争的加剧，CRM的重要性日益凸显，成为企业提升竞争力和实现可持续发展的关键所在。

1. CRM的概念

CRM是一种系统化的管理方法，涵盖了对客户信息的收集、分析和管理。它包括但不限于以下几个方面。

客户数据管理：收集和维护客户的基本信息、交易记录、反馈信息等，形成完整的客户档案。

客户互动管理：通过各种渠道（如电话、邮件、社交媒体等）与客户保持沟通，及时处理客户的问题与反馈。

客户分析：利用数据分析方法挖掘客户需求、购买行为和偏好，以便制定更加个性化的服务策略。

客户生命周期管理：根据客户的不同阶段（潜在客户、初次购买、忠实客户等）采取不同的管理和营销策略。

2. CRM的意义

提升客户满意度：通过对客户需求的深入了解，企业能够更好地满足客户期望，提升客户体验和满意度。

增强客户忠诚度：维护良好的客户关系有助于提高客户的忠诚度，降低客户流失率。忠诚客户往往会进行重复消费，并通过口碑传播吸引新客户。

增加销售机会：CRM系统能够分析客户的购买历史和偏好，帮助企业识别交叉销售和向上销售的机会，提升销售业绩。

优化市场营销：CRM为企业提供精准的客户数据支持，可以帮助制定更有效的市场营销策略，提高营销活动的ROI。

提升企业竞争力：通过建立和维护良好的客户关系，企业能够在竞争中脱颖而出，形成良性的品牌口碑。

（二）CRM的实施步骤

实施有效的CRM策略需要系统的规划和执行，通常包括以下几个步骤：

①明确目标：确定实施CRM的具体目标，如提升客户满意度、增加销售

额、降低客户流失率等，以便在后续执行中进行评估。

②选择合适的工具和软件：根据企业规模和需求，选择适合的CRM系统或软件。市面上有多种CRM平台，如Salesforce、HubSpot、Zoho等，企业应根据具体情况进行选择。

③数据收集与整合：建立客户数据库，收集客户的基本信息、联系方式、购买记录、反馈信息等，并确保数据的完整性和准确性。

④进行客户细分：根据客户的不同特征和需求对客户进行分类，制定差异化的营销策略，从而更有效地满足客户需求。

⑤建立客户互动机制：选择合适的沟通渠道，建立多样化的客户互动机制，通过电话、邮件、社交媒体等方式，与客户保持持续沟通，及时响应客户需求。

⑥数据分析与反馈：定期对客户数据进行分析，评估客户行为和反馈，及时调整和优化营销策略和客户服务措施。

⑦培训员工：对企业内部员工进行CRM系统的培训，提高他们在客户服务和销售中的应用技能，从而更好地为客户提供服务。

⑧持续改进：根据市场变化和客户反馈，持续优化CRM策略，确保企业能够灵活应对市场变化。

（三）面临的挑战与解决方案

数据隐私与安全问题：在收集和管理客户数据时，必须遵守相关法律法规，确保客户数据的安全性和隐私性。企业应建立完善的数据保护机制，保证客户信息的安全。

实施成本高：CRM系统的实施和维护需要投入大量资金与人力。企业应根据自身的规模和需求合理规划预算，并选择性价比高的解决方案。

员工抵触情绪：一部分员工可能对新系统和流程产生抵触情绪，这需要企业在实施前进行充分的沟通和培训，让员工理解CRM的价值和益处。

数据质量问题：客户数据的准确性和完整性对CRM的效果至关重要，企业应定期对客户数据库进行更新和维护，确保数据的有效性。

（四）未来发展趋势

随着技术的不断进步，CRM未来将会更加智能和个性化。

人工智能和机器学习：人工智能和机器学习的应用将增强数据分析能力，使其对客户行为预测更为准确，提升个性化服务的水平。

跨渠道整合：未来的CRM将更加注重线上线下渠道的整合，为客户提供无缝的购物体验。

客户参与度提升：企业将更加强调客户的参与感，通过社区、反馈系统等方式与客户建立更为紧密的关系。

数据分析自动化：将有更多自动化分析工具面市，使企业实时获取客户数据，快速响应市场变化。

CRM是企业持续发展的核心组成部分。通过实施有效的CRM策略，企业能够更好地理解客户需求，提升客户满意度与忠诚度，进而在激烈的市场竞争中占据优势。未来，随着技术的发展和客户需求的变化，CRM将迎来更多的机遇与挑战。企业需要不断学习和适应新的趋势，确保在变化的环境中保持竞争力。

第三节　初创企业生存法则

一、初创企业如何生存

（一）以生存为主要目标

新创企业的首要任务是从无到有，把自己的产品或服务卖出去，赚到第一桶金，从而在市场上找到立足点，使自己生存下来。在创业阶段，生存是首位的，一切围绕生存运作，一切危及生存的做法都应避免。最忌讳的是在创业阶段提出不切实际的扩张目标，盲目铺摊子、上规模， 结果只能是“企而不立，跨而不行”。那么如何生存呢？只有赚钱。在创业阶段，亏损，赚钱，又亏损，又赚钱，可能要经历多次反复，直到最终持续稳定地赚钱，才算是度过了创业的生存阶段。创业企业要超越自己的竞争对手，或者强有力的对手企业，一定要探索到新的、成功的生存模式，这是初创企业管理的本质所在。

（二）创造自由现金流

现金对企业来说就像是人的血液，企业可以承受暂时的亏损，但不能承受现金流的中断，这也是我们要强调“赚钱”而不是“盈利”的缘由。什么是企业的自由现金流呢？就是不包括融资、资本支出以及纳税和利息支出的经营活动净现金流。自由现金流一旦出现赤字，企业将发生偿债危机，可能导致破产。自由现金流的大小直接反映企业的赚钱能力，它不仅是创业阶段也是成长阶段管理的重点，区别在于对初创企业管理来说，由于融资条件苛刻，只能主要依靠自有资金运作创造自由现金流，从而管理难度更大。初创企业管理要求创业者必须有所比较、有所权衡，像规划自己的钱一样规划企业的钱，千方百计开源节流、增收节支、加速周转、控制发展节奏等。

（三）熟知每一个细节

创业成功者大都有过类似的经历：曾经直接向顾客推销过产品，亲自与供应商谈判过扣点，亲自到车间里追踪过顾客急要的订单，在库房里卸过货、装过车，跑过银行，催过账，策划过新产品方案，制订过工资计划，被经销商欺骗过，让顾客当面训斥过等。这才叫创业，要不一切怎么会从无到有，从小到大，从弱到强？由于对经营全过程相关细节了如指掌，才使生意越做越大，企业越来越好，发展越走越稳。

（四）分工合理明确

初创企业管理要做到“人人有事做，事事有人做；千斤重担大家挑，人人身上有指标”的团队管理。新企业在初创时，尽管建立了正式的部门结构，但很少按科学合理的组织方式运作。典型的情况是，虽然有名义上的分工，但运作起来是“头痛医头，脚痛医脚”，而非“分清轻重缓急，学会十根指头弹钢琴”。这种看似的“混乱”，实际是一种高度“有序”的状态。每个人都清楚组织的目标和自己应当如何为组织目标做贡献，没有人计较得失，没有人计较越权或越级，相互之间只有角色的划分，没有职位的区别，这才叫作团队精神。即使将来事业发展了，组织规范化了，这种精神仍在，从而成为企业的文化。在创业阶段，创业者必须尽力使新企业成为真正的团队，否则是很难成功的。

（五）顾客至上，诚信为本

创业的第一步，就是把初创企业的产品或服务销售给顾客，这是一个过程、一种跨越，如果顾客不肯接受，我们怎么收回成本和利润？企业是因生存的需要把顾客当作衣食父母的。经历过创业艰难的企业家，一生都会把顾客放在第一位，可以说是铭心刻骨。再有，谁会把钱借贷给没听说过的企业？谁会买没听说过的企业的产品？谁会加入没听说过的企业？初创企业靠什么迈出这三步？靠的是诚信，也只有靠诚信。因此，一个企业的核心价值观不是靠人杜撰的，而是创业阶段自然形成的。

二、初创企业管理面临的问题

在初创阶段，往往是瞄准某一市场空白点，如果推销工作做得好，企业的成长性往往很好，投资回报率相对其他阶段要高出许多，企业销售收入也能够获得快速增长。但当企业由小到大快速成长之后，随着人员的膨胀、市场的扩展等，一些管理问题也会出现。

管理初创企业，一定要学着解决问题。解决问题的方法有很多，每个创业者都会在创业的过程中摸索出一套适合自己的方案。作为创业者，要意识到新企业可能面临的几大问题，从而做好准备。

（一）资金问题

低估对现金和经营资金的需要是较普遍的现象，这源于创业初期创业者典型的热情心态。对确定所要承担的义务而言，热情很有作用，不可或缺，面对资金需要的客观看法却与这种富有幻想的热情不相容。这种倾向实际上就是把成功的目标定得较高，而低估了对资金的需要。并且，企业的销量越大，出现资金不足问题的可能性就越大。一个企业的平均年销售增长要是超过35%，企业的自有资金一般就不足以支撑这种增长，此时就难免遇到周转上的困难。

为获得资金，企业常常犯一些基本的错误，如把短期贷款用于较长时间才能产生效益的投资项目；开始用折扣刺激现金流的产生，有时折扣太大以至于不足以弥补变动成本，结果是卖得越多、亏得越多；把股份转让给对“事业”毫无怜悯心的风险资本家；等等。

创业者应该逐渐重视企业的现金流量、贷款结构和融资成本等，必须有符合实际的经营计划，而且要以“周”为单位监控现金流量。记账的重点是现金流量，权责发生制会计虽然有利于纳税和盈利分析，但对于及时监控企业生存不见得有利。严格监控应收账款周转率和存货周转率也是防止经营资金不必要增加的基本手段。

（二）制度问题

创业初期，企业要不断面对毫无准备的各种问题，如顾客投诉、供货商令人不满、银行不愿贷款、工人“磨洋工”等。由于没有经验、规章、制度、政策或先例可资借鉴参考，就产生了企业的行动导向和机会驱动，这也意味着给规章制度和企业政策所留的空间很小。此时的企业正在试验、探寻成功的路径。一旦把成功的内涵弄明白了，就会通过制定规章制度来保证今后能取得同样的成功。这一阶段制定规章制度有可能扼杀满足顾客需求的机会。但缺乏规章和政策，企业为获取现金而采取权宜之计，又会使企业养成“坏习惯”。习惯成自然，而且这种习惯会持续到未来，对将来造成一定的影响。

对初创企业而言，这类“坏习惯”的代价不高、收益不小。但随着企业员工和客户量的增加，“坏习惯”的价值下降了，代价却直线上升。这样的例子不胜枚举。例如，为争取到订单，企业会千方百计去满足客户的需求，却可能造成创业者对企业失控，这种情况下，风险较高的大宗合同签订之后，结果可能是巨大的损失。

没有规章和政策，企业的发展就不稳定。虽然这对初创期的企业而言是正常的，但使企业变得非常脆弱、易受挫折，问题常常演变成危机，这种状况把管理人员变成了“消防救援队员”，公司的管理也就只能是由危机到危机的“救火”管理。

（三）理性看待创业初期的各种现象

初创期的企业，人们所承担的责任和义务是重叠交叉的。例如，总经理可能既管采购，又管销售，还兼管规划；销售人员可能要承担一部分采购工作；会计有时又是办公室主任。如果企业有一张企业组织系统图，也是到处布满虚线、实线和断断续续的线。这时的企业是围绕人进行组织，而不是围绕工作本身进行组织。企业是按照缺乏规划的方式在成长，它只是对各种机会做出反应，而不是有计划、有组织、定位明确地去开发利用自己所创造的未来机会。

对初创期的企业而言，事事优先是正常问题，当企业不断成长发展，并不可避免地犯了一些错误之后，就逐渐明白了哪些事能做，哪些事不能做，也就是“有所为，有所不为”。这是一个不断试错的学习过程，当初创期的企业出现了较大的失误，如损失了市场份额、失去了较大的客户或赔了一大笔钱时，企业就被推入下一个发展阶段。

美国学者爱迪思（Ichak Adizes）认为，初创期成就越大，自满程度越高，所出现的危机就越大，推动企业变革的作用力也就越大。此时企业终于认识到，自己需要一整套规章制度来明确该做与不该做的事情。建立健全和完善规章制度，表明企业强调管理子系统的紧迫性，这时企业过渡到下一个发展阶段。如果没有出现这种强调管理制度的情况，企业就陷入了被称为“创业者陷阱”或“家族陷阱”的不正常发展态势。爱迪思认为，初创期出现的问题有些属于正常现象，是前进中的问题、发展中的困难、成长中的烦恼，随着企业的建设发展会逐步得到解决；而有些问题则属于不正常现象，需要尽力避免，两类现象见表7-1。

表7-1　初创企业正常现象与不正常现象

正常现象	不正常现象
所承担的义务没有因风险而丧失	风险使承担的义务消失殆尽
现金支出短期大于收入	现金支出长期大于收入
辛勤工作加强了所承担的义务	所承担的义务丧失
缺乏管理深度	过早授权
缺乏制度	过早制定规章制度和工作程序
缺乏授权	创业者丧失控制权
“独角戏”——但愿意听取不同意见建议	刚愎自用，不听取意见
允许出现小差错	不容忍出差错
家庭支持	缺乏家庭支持
外部支持	由于外部干预而使创业者产生疏远感

案例37：先创业还是先就业？看海南高校毕业生如何选

南国都市报记者　刘俊

创业理由——可以锻炼自我，还有政策支持

海大学生小李即将毕业，年纪轻轻的她已经是一家淘宝店的店主。小李告诉记者，她平常喜欢做手工，大三时索性开了这家淘宝网店。

“在大学学金融专业，想要找一份与金融相关的好工作挺难的，现在打算全身心地投入淘宝店的工作中。”小李说，大三那会儿学业忙，没有花费太多精力打理网店，但是马上毕业了，她不太喜欢朝九晚五的工作，想把淘宝店当作自己的一份事业。

在小李看来，虽然淘宝网店的竞争激烈，但她还是想尝试一下，希望能在运营店铺中全方位地锻炼自己。

同样有着创业想法的，还有海南师范大学大三学生小孙。“最近刚和伯父聊过创业的事，伯父觉得现在社会的大背景不错，国家有很多支持大学生创业的政策，他说如果我要创业，会给予我资金支持。”小孙说，他现在的困惑点在于创业的方向，他个人想开一家摄影工作室，但长辈希望他能够往餐饮方面发展。

就业理由——先积攒人脉，提升综合素质

22岁的小胡目前在海口一家网站实习，负责文案策划类的工作。“我已经在这里实习了3个月，拿到毕业证后就可以转正。”对于毕业后的择业问题，小胡表示，想先好好工作，暂时没有自主创业的想法。

就小胡个人而言，不太支持创业。“如果我去创业的话，一没有启动资金，二没有实战经验，不知道会走多少弯路，不如先在公司里积攒经验和人脉。”

对刚走出校门的学生来说，资金和经验不足是一方面，此外，创业筹备也不轻松。

大二学生小刘是学校创协的一名成员，他认为，大学生要创办一个企业，除去经验不足、资本不足、人脉不足等不利因素，还需要筹备诸多事项，比如，寻找合适的办公地点，办理各项创业手续，都需要花费不少时间和精力。

另外，小刘说，尽管国家给予大学生很多创业优惠，但相关手续的办理耗时费力，申请到的只是少数人。对此，小刘感叹道：“对大学生来说，与各个部门打交道都不简单呀！”

创业者观点——资金和经验不可缺少

关于“大学毕业后该创业吗?”这个问题，一毕业就开始创业的河北小伙唐勇（化名）十分有发言权。唐勇从海南师范大学毕业后，便瞄准了快递行业，但创业的想法起初并不被父母理解。

“一开始把想法告诉父母的时候，他们很反对，但是当我把详细的创业计划以及快递业的前景跟他们解释后，他们考虑了一段时间，还给了我一笔钱。”这笔资金成了唐勇创业的起步资金。这几年电商发展势头迅猛，唐勇快递店的生意做得如火如荼。

尽管目前生意逐渐走上正轨，但唐勇丝毫不敢懈怠，他建议有创业想法的学生要把创业的前期准备工作做扎实了，这是至关重要的环节。

处在创业起步期的创业者陈东（化名）也认为创业急功近利未必能成功，做好各方面的准备工作是首要的，尤其是产品、营销和服务三大环节。他建议，大学生先到企业中多多学习，有了一定的积累后再考虑创业。

专家观点——大学生应量力而为，理性创业

高校老师对大学毕业生创业又是持何种态度?“每一个学生情况都不同，建议大学生量力而为，理性创业，不可为了创业而创业。”海口经济学院创新创业学院院长、高级职业指导师、创业咨询师石林表示，大学生应积极响应国家“大众创业、万众创新”的号召，勇于创业，但是不能为了随大流而创业。

对于准备创业或正在创业的学生，石老师也提出了以下几点建议。

第一，要有人脉资源。因为创办一家企业需要和各方面打交道，没有良好的人脉资源，在创业过程中就会处处碰壁。

第二，资金储备充足。提醒大学生们，在创业时，根据自己和家庭的资金储备量力而行，即使要借贷，也要向政府部门咨询后通过正规途径借贷。

第三，有专业知识的准备。学生创业时可考虑自己熟悉的行业，或者看准一个专业领域，然后深耕，做好充足的市场调研。

第四，团队在创业过程中至关重要，一个人不可能创办好一家企业，合作伙伴的选择可能会关系到一家企业的生死存亡。创业过程中要发挥团队凝聚力，互利共赢。

第五，心理承受能力要强。创业要经受市场考验，而市场是残酷的，任何创业都可能会失败，学生一定要有心理准备，即使失败，也要承受住，还要从中总结经验。

（资料来源：http：//ngdsb.hinews.cn/html/2017-06/17/content_21_1.htm）

第四节　初创企业风险防控

初创企业的基本管理涉及企业经营管理、人力资源管理、财务管理、市场（营销）管理等，要研判新企业的风险，并妥善处理好各种关系，才能使企业科学发展，越走越稳，越走越远。

一、初创企业面临的主要风险

（一）市场风险

市场需求不确定。初创企业由于资源和经验有限，往往难以准确把握市场需求的变化，市场需求可能受到经济形势、消费者偏好转变、社会文化等多种因素影响，导致企业产品或服务与市场需求不匹配，销售不畅。

竞争激烈。新兴市场往往吸引众多企业进入，竞争激烈程度超乎想象，初创企业在品牌知名度、市场份额、资金实力等方面通常处于劣势，难以与成熟企业竞争。

市场准入壁垒。某些行业存在较高的市场准入门槛，如政策法规限制、技术标准要求等，这对于初创企业来说是一大挑战。如果不能满足相关准入条件，企业将无法进入市场或在市场中立足。

（二）财务风险

资金短缺。初创企业通常需要大量资金用于产品研发、市场推广、人员招聘等，但由于其规模小、信用记录不足，往往难以获得足够的外部融资。同时，企业自身盈利尚未稳定，内部资金积累有限，容易出现资金短缺问题，影响企业正常运营，许多初创企业因资金链断裂而被迫倒闭。

融资困难。初创企业在融资过程中面临诸多困难，如银行贷款门槛高，风险投资机构对投资项目要求苛刻。银行通常更倾向于向有稳定现金流和资产抵押的成熟企业提供贷款，而初创企业往往缺乏这些条件；风险投资机构则注重企业的发展潜力和商业模式，但初创企业的不确定性较大，难以满足其投资标准。

财务管理制度不完善。初创企业由于人员和资源有限，往往缺乏完善的财务管理制度，财务核算不规范，财务风险意识淡薄。这可能导致企业对成本控制不力、资金使用效率低下、财务报表失真等问题，增加企业财务风险。

（三）技术风险

技术创新能力不足。在快速发展的科技时代，技术创新是企业保持竞争力的关键，初创企业可能由于研发投入有限、技术人才短缺等，技术创新能力不足，产品或服务的技术水平落后于竞争对手，无法满足市场需求。

技术替代风险。新技术的不断涌现可能使初创企业现有的技术和产品面临被替代的风险，如果企业不能及时跟踪技术发展趋势，进行技术升级和创新，可能会在市场竞争中被淘汰。

技术知识产权保护问题。初创企业的技术成果往往是其核心竞争力所在，但在知识产权保护方面，初创企业可能存在意识不足、保护措施不力等问题，导致技术被抄袭或侵权，损害企业利益。

（四）运营风险

供应链管理风险。初创企业在供应链管理方面可能面临诸多问题，如供应商不稳定、原材料供应中断、采购成本过高、物流配送不畅等。这些问题会影响企业的生产计划和产品交付，增加企业运营成本和风险。

生产管理风险。生产过程中的质量控制、生产效率、设备维护等问题都可能影响企业的产品质量和生产进度。如果企业缺乏有效的生产管理体系和经验，可能会出现产品质量不合格、生产延误等情况，降低客户满意度，损害企业声誉。

人力资源管理风险。初创企业在吸引和留住人才方面往往面临挑战，由于企业知名度低、薪酬福利相对不高、发展前景不确定等因素，难以吸引到优秀人才，同时人才流失率也较高。此外，人力资源管理不善还可能导致员工工作效率低下、团队协作不畅、企业文化建设困难等问题，影响企业运营效率和发展。

（五）法律风险

合同法律风险。初创企业在经营过程中会签订大量合同，如采购合同、销售合同、租赁合同、劳动合同等。如果合同条款不严谨、存在漏洞或不符合法律法规要求，可能会导致合同纠纷，给企业带来经济损失。例如，合同中关于交货时间、质量标准、付款方式等条款约定不明确，容易引发双方争议。

知识产权法律风险。初创企业在知识产权保护方面存在风险，同时也可能因无意侵犯他人知识产权而面临法律诉讼。一旦发生知识产权纠纷，企业不仅会承担经济赔偿责任，还会影响企业的声誉和正常经营。

合规经营风险。初创企业需要遵守各种法律法规，包括税收法规、劳动法规、环保法规等。如果企业对法律法规了解不足或忽视合规要求，可能会面临行政处罚、法律诉讼等风险，影响企业的生存和发展。

二、初创企业风险防控策略

（一）市场风险防控策略

深入市场调研。初创企业应投入足够的时间和资源进行市场调研，了解目标市场的规模、需求特点、竞争态势等信息。通过问卷调查、用户访谈、数据分析等方法，收集市场数据，为产品定位、营销策略制定提供依据。同时，要持续关注市场动态，及时调整市场策略以适应市场变化。

差异化竞争战略。为了在激烈的市场竞争中脱颖而出，初创企业应采用差异化竞争战略，寻找市场空白或独特的竞争优势。通过创新产品或服务、优化客户体验、提供个性化解决方案等方式，满足客户的特殊需求，树立企业独特的品牌形象，提高市场竞争力。

建立市场风险预警机制。企业可以建立市场风险预警指标体系，如市场份额变化率、客户满意度、竞争对手动态等，通过对这些指标的实时监测和分析，及时发现市场风险信号。一旦市场风险达到预警阈值，企业便应迅速启动应急预案，调整市场策略，降低风险损失。

（二）财务风险防控策略

多元化融资渠道。初创企业应积极拓展多元化的融资渠道，除了传统的银行贷款和股权融资外，还可以考虑天使投资、风险投资、政府扶持资金、众筹等融资方式。根据企业的发展阶段和资金需求特点，选择合适的融资渠道，降低融资成本和风险。同时，要合理规划融资规模和资金使用计划，确保资金的有效利用。

加强财务管理。建立健全财务管理制度，规范财务核算流程，提高财务信息的准确性和及时性。加强成本控制，优化成本结构，降低企业运营成本。制订合理的预算计划，对企业的资金收支进行全面预算管理，严格控制预算外支出。加强资金流动性管理，确保企业有足够的资金应对日常运营和突发情况。

建立财务风险预警系统。通过设置财务风险预警指标，如资产负债率、流动比率、速动比率、应收账款周转率等，对企业的财务状况进行实时监测和分析。当财务指标达到预警线时，系统自动发出预警信号，提醒企业管理层及时采取措施防范财务风险。

（三）技术风险防控策略

加大技术研发投入。初创企业应重视技术研发，加大研发投入，吸引和培养优秀的技术人才，组建稳定的技术研发团队。不断提高企业的技术创新能力，推动产品或服务的技术升级和更新换代，保持企业在技术领域的竞争力。

加强技术合作与交流。积极与高校、科研机构、行业领先企业等建立技术合作关系，通过合作研发、技术转让、技术咨询等方式，获取先进的技术资源和经验。参加行业技术研讨会、学术交流活动等，了解行业技术发展前沿动态，拓宽技术视野，提升企业技术水平。

完善技术知识产权保护体系。增强知识产权保护意识，及时申请专利、商标、软件著作权等知识产权，保护企业的技术创新成果。建立完善的知识产权管理制度，加强对技术研发、成果转化、产品生产等环节的知识产权管理，防止技术泄露和侵权行为发生。同时，要密切关注竞争对手的知识产权动态，及时应对可能出现的知识产权纠纷。

（四）运营风险防控策略

优化供应链管理。选择稳定可靠的供应商，建立长期合作关系，签订详细的采购合同，明确双方的权利和义务。加强对供应商的评估和管理，定期对供应商的供货质量、交货期、价格等进行考核，及时淘汰不合格供应商。优化采购流程，降低采购成本。建立合理的库存管理系统，根据市场需求和生产计划，合理控制库存水平，避免库存积压或缺货现象发生。加强物流配送管理，选择优质的物流合作伙伴，确保产品及时、准确地交付给客户。

加强生产管理。建立完善的生产管理体系，制订科学的生产计划和工艺流程，加强生产过程中的质量控制和成本管理。引入先进的生产设备和技术，提高生产效率和产品质量。加强设备维护和保养，确保设备正常运行，减少设备故障对生产的影响。建立质量追溯体系，对产品质量问题进行及时追溯和处理，提高客户满意度。

完善人力资源管理。制定科学合理的人力资源规划，根据企业发展战略和业务需求，招聘和选拔合适的人才。建立具有竞争力的薪酬福利体系和激励机制，吸引和留住优秀人才。加强员工培训和职业发展规划，提高员工的专业技能和综合素质。营造良好的企业文化氛围，增强员工的归属感和忠诚度，促进团队协作和沟通。

（五）法律风险防控策略

建立法律风险防控机制。设立专门的法务部门或聘请法律顾问，负责企业的法律事务管理。建立健全法律风险防控体系，对企业经营过程中的各类法律风险进行识别、评估和控制。制定法律风险管理制度和流程，规范合同签订、履行、知识产权管理、合规经营等法律事务操作，降低法律风险发生的概率。

加强法律知识培训。定期组织员工参加法律知识培训，提高员工的法律意识和法律素养。特别是企业管理层和涉及法律事务的关键岗位人员，要加强对相关法律法规的学习和理解，确保企业经营活动在法律框架内进行。培训内容可以包括合同法、知识产权法、劳动法、税法等与企业经营密切相关的法律法规。

合同管理与风险控制。加强合同管理，建立合同审核制度，对所有合同进行严格的法律审核，确保合同条款合法、严谨、完整，避免合同漏洞和风险。在合同签订前，要对合同对方的主体资格、信用状况、履约能力等进行充分调查和评估。在合同履行过程中，要加强跟踪和监控，及时发现和解决合同履行中出现的问题，防范合同纠纷的发生。一旦发生合同纠纷，要及时采取法律措施维护企业的合法权益。

案例38：赞！这位“90后”小伙敢想敢干真不错

“90后”小伙电商销售海南特色农产品　年销售额达500万元

海南日报　记者　刘梦晓

一瓶瓶颗粒饱满的富硒白胡椒、一捆捆芳香幽远的胡椒根、一罐罐香甜美味的椰子粉、一摞摞整齐叠放的发货单……1月4日，在位于澄迈县老城经济开发区海南生态软件园的澄迈华维网络科技有限公司里，公司的负责人小陈（系海口经济学院雅和人居工程学院2017届工程管理专业校友），在仓库认真点货，通过电商平台从各地纷至沓来的订单很快就会发货，不久之后货物就能到达客户的手里。

别看今年才23岁的小陈岁数不大，作为一名返乡创业青年，小陈已在创业路上探索了6年。

2012年，18岁的小陈读高三，其间因为生病住院一个月。住院期间，受当时“互联网+”创业热潮影响的小陈在淘宝网注册了网店，销售海南椰子，没想到竟一发不可收。3个月的时间，网店卖出了10万个椰子，尝到甜头的小陈挣到了创业路程上的第一桶金，也在心里埋下了创业的种子。

之后，因为要备战高考，小陈暂停了网店的生意。同年，小陈考上了大学——海口经济学院工程管理专业。当身边的同学都在无所事事的时候，小陈重拾生意，通过电商平台销售芒果和波罗蜜，销量一度冲进全网前10名。

尽管取得了不错的成绩，小陈却觉得自己的事业应当有更长远的规划。从来自内地的大学宿舍室友那里，他了解到内地人在网上买不到品质好的海南胡椒；从澄迈种植胡椒的农民那里，他又了解到品质上乘的富硒白胡椒丰收了却苦于没有渠道，卖不出好价钱。“有货源，又有销售渠道，也有市场，那时候我就看到了我的商机。”小陈回忆，在之后很长的一段时间里，他深入农村和农户打交道，确定胡椒货源，又到海口的一些电商公司免费打工，学习网店运营经验，打通了电商运营的各个环节后，开始销售澄迈富硒白胡椒。

因为澄迈当地出产的白胡椒富含硒元素品质好，小陈的网店很快就吸引了一大批买家。在试运营阶段，店里的销量很可观，小陈满怀信心地开始大批量囤货。可没想到因为储存方法出了问题，富硒白胡椒很快都发霉了，他一下子损失20万元。“那一次重创让我血本无归，还欠了朋友很多钱，心痛得我一下子瘦了20多斤，我都灰心不想做下去了，但是家人和朋友都鼓励我，让我不要放弃。”小陈说，这一次的打击让他深刻地反思了自己并总结了经验教训，回到农民家里深入了解富硒白胡椒的习性，重整旗鼓。

从海口经济学院毕业后，受澄迈县对返乡创业政策优厚支持的吸引，大学毕业的小陈回乡创办了澄迈华维网络科技有限公司。公司主要经营海南富硒白胡椒，也出售胡椒根、椰子粉、澄迈福橙、桥头地瓜等特色农产品。在2017年海南省冬交会上，小陈公司的富硒白胡椒在3天的时间里就卖出了1000多瓶，销量远高于其他同类产品。

而今，在澄迈县一系列政策的扶持下，小陈的公司已经在多个电商平台上拥有6个网店和多个代理商，年收入超过500万元。小陈的电商创业项目也先后获得了首届海南青年农村电商大赛一等奖、澄迈十大网商、2017澄迈首届“最美创业人”第二名等6个奖项。2017年，小陈的电商创业项目更是代表澄迈县参加海南省创业大赛，从全省1100多个项目中脱颖而出，荣获二等奖。目前，华维公司已经申请注册胡椒商标“澄椒”“胡椒哥”，未来预计销量每年会以300%的速度增长，可以带动上百名农户增收致富。

“很多人敢想不敢做，而他是一个敢想敢做的人。”对于小陈的成功创业，小陈的好友丁贤亮评价道。今后，小陈计划加强对电商平台的运用与学习，进一步拓宽公司销售渠道，提升产品竞争力。

——我校雅和人居工程学院2017届工程管理专业小陈校友创业事迹

刊载于：海南日报

时　间：2018年1月5日（星期五）

版　面：第5版：澄迈新发展

标　题：赞！这位“90后”小伙敢想敢干真不错

链　接：http：//hnrb.hinews.cn/html/2018-01/05/content_5_6.htm

案例39：拳拳赤子心　依依惜别情

尊敬的各位领导、老师，亲爱的同学们：

大家下午好！

我叫小单，是旅游与民航管理学院2014级交通运输民航运输管理专业1班学生，现任海南海益诺生物科技有限公司董事长，还有不到20天我们就要离开学校了，拳拳赤子心，依依惜别情！此时此刻，思绪万千，心潮澎湃，充满心里更多的是感恩与不舍！

首先，感谢学校给了我这个机会来讲四个关键词。

第一个关键词是感谢。一是感谢学校和学校领导对创新创业的关心与支持，为同学们营造了这么好的一个创业环境。二是感谢旅航学院、创新创业学院的领导和老师，在我创业过程中给予细心的指导和全程的帮扶。三是感谢一路走来的小伙伴们，学校的氛围、我的团队、人脉资源、天时地利人和，才给我成功创业的机会。

第二个关键词是奋斗。在校期间，我参加了“互联网+”全国大学生创业大赛等创新创业的活动，现在仍清晰地记得，去年7月初我代表学校参加海南省全国大学生创业大赛省赛决赛，获得了省赛金奖，这填补了海经院在创业比赛这方面没有省级和国家级金奖的空白。今年3月被特邀到福建龙岩参加红色筑梦之旅的项目展示，这也是学校和教育厅给了我一个机会，现场签约了当地贫困县政府的供销社和电商平台合作项目。现在我和我的团队正在海南乐东黎族自治县做精准扶贫、服务地方经济社会发展、促进农民增收的一个项目，也是按照学校的要求结合海南地域特色做的一个项目，我去年作为参赛选手是属于另外一家公司的股东，今年我是海南海益诺生物科技有限公司的法人兼董事长，我是旅行学院的党员学生干部，在未来的创业道路上，我还将一如既往、义无反顾、勇往直前把自己创业的项目做实做大。

第三个关键词是承诺。铁打的军营，流水的兵。昨天我们相聚，今天我们道别，明天用奋斗彩绘人生。在这里透露一个秘密，股东大会上大家也不让讲，但是我觉得今天这个场合我还是要讲，我们乐东的公司投入近400万元，前几天，有一家相关产业的公司有意合作或收购我们的生产部门，出资到了900多万元。一方面是对我们公司发展的肯定，另一方面是对我们公司市值的一个最新的股价参考。但是，我不想卖掉公司，我还想继续创业，我想继续做大做强，等我的公司做到一定程度后，我想在学校里以我个人的名义设立创业基金，或者海益诺助学金。用实际行动感恩母校，反哺母校，让更多贫困学子受益。

第四个关键词是祝福。我真诚地祝福母校：越办越好，申硕申博！祝福各位领导、老师：身体健康，工作顺利，阖家幸福！祝愿学弟学妹们：心想事成，学业有成，前程似锦！

发言者系成功创业校友典型代表——原系我校旅游与民航管理学院2014级交通运输民航运输管理专业1班学生，海南海益诺生物科技有限公司创始人，2017第三届中国互联网+省赛决赛金奖、国赛铜奖获得者。

2014级交通运输民航运输管理专业1班　小单

2018年5月16日

思考题：

1. 独特卖点的挖掘方法有哪些？

2. 初创企业涉及哪些风险？

第八章　创新大赛与高校教育

当今世界正经历百年未有之大变局，科技创新成为国际竞争的核心战场，而创新人才的培养则是国家战略发展的关键支柱。在这一背景下，高校作为知识创造和人才培养的主阵地，肩负着前所未有的使命。创新教育已不再是高等教育的“可选项”，而是关乎国家未来竞争力的“必答题”。如何通过创新大赛等实践平台激发学生的创造力，如何将创新教育深度融入高校人才培养体系，已成为中国高等教育改革的重要命题。全球化与数字化的浪潮正在重塑人类社会的运行逻辑。人工智能、量子计算、生物技术等领域的突破性发展，要求高等教育必须超越传统的知识传授模式，转向以创新能力为核心的教育范式。据统计，未来十年全球将有超过50%的职业因技术变革发生根本性改变，这意味着高校培养的学生必须具备应对不确定性的创新思维和跨界整合能力。创新教育的核心价值在于其“破界”特质——打破课堂与社会的边界、学科与学科的藩篱、学习与创造的隔阂。正如教育家杜威所言：“教育不是为生活做准备，教育本身就是生活。”高校需要通过课程重构、平台搭建、生态培育等多维路径，将创新基因植入教育全过程。

创新大赛的蓬勃发展，折射出中国高等教育改革的内在逻辑：教育必须从知识传授走向能力建构，从封闭系统走向开放生态。站在教育现代化的历史节点，我们比任何时候都更需要回答钱学森之问：“为什么我们的学校总是培养不出杰出人才?”创新大赛及其背后的教育变革实践，或许正在书写这个时代的一部分答案。当更多高校将创新教育视为人才培养的灵魂而非点缀，当更多青年在创造中实现自我价值与社会贡献的统一时，中国高等教育才能真正肩负起民族复兴的使命。

第一节 中国国际大学生创新大赛

中国国际大学生创新大赛自诞生以来，始终致力于激发大学生的创新精神，培育创业意识，提升创业能力。这一赛事不仅是对学生创新能力的检验，更是对高等教育改革成果的展示。通过大赛，无数青年学子得以将理论知识与实践相结合，将奇思妙想转化为现实产品，为社会发展注入了新的活力。

中国国际大学生创新大赛的亮点在于其广泛的参与性和深远的影响力。赛事面向全国范围内的高校学生，不分地域、不分专业，只要有创新的思维和创业的梦想，就可以参与这场创新的盛宴。这种低门槛、高参与度的特点，使得大赛成为广大青年学子展示自我、实现价值的舞台。同时，大赛还吸引了众多国内外知名企业和投资机构的关注，为优秀项目提供了资金支持和市场推广的机会，进一步推动了创新成果的转化和应用。

表 8-1 中国国际大学生创新大赛（2025）高教主赛道创意组项目评审要点

评审要点	评审内容	分值
个人成长	1. 立德树人。项目弘扬正确价值观，厚植家国情怀，恪守伦理规范，有助于培育创新精神 2. 调研深入。项目扎根中国大地了解国情民情，鼓励学生深入社会、行业、实验场所选题立项、调查研究、试验论证 3. 逻辑正确。项目符合将专业知识与商业知识有效结合并转化为商业价值或社会价值的创新创业基本过程和基本逻辑，展现创新教育对大学生基本素养和认知的塑造力 4. 知识掌握与应用能力。体现对创新创业所需知识（专业知识、商业知识、行业知识等）与技能（计划、组织、领导、控制、创新等）的娴熟掌握；体现用课堂和实验室学到的知识解决实际问题的综合能力和高级思维；体现项目成长对团队成员创新精神、创新意识、创新能力的锻炼和提升作用，展现创新教育提升大学生综合能力的效力 5. 人才培养成效。项目能充分体现院校扎实推进新工科、新医科、新农科、新文科建设方面取得的成果；体现院校在项目的培育、孵化等方面的支持情况；体现产教融合、科教融汇、多学科交叉、专创融合、产学研协同创新等模式在项目的产生与执行中的重要作用	30

续表

评审要点	评审内容	分值
项目创新	1. 问题导向。项目遵循从创意到研发、试制、生产、进入市场的创新一般过程，进而实现从创意向实践、从基础研发向应用研发的跨越 2. 目标导向。团队能够基于学科专业知识并运用各类创新的理念和范式，解决社会和市场的实际需求 3. 创新成效。项目能够从产品创新、工艺流程创新、服务创新、商业模式创新等方面着手开展创新创业实践，并产生一定数量和质量的创新成果以体现团队的创新力	30
产业价值	1. 产业认知。对所在产业（行业）的产业规模、增长速度、竞争格局、产业趋势、产业政策等情况充分了解，形成完备、深刻的产业认知 2. 市场定位。项目具有明确的目标市场定位，对目标市场的特征、需求等情况有清晰的了解，并据此制定合理的营销、运营、财务等计划，设计出完整、创新、可行的商业模式，展现团队的商业思维 3. 落地前景。项目落地执行情况，对促进区域经济发展、产业转型升级的情况；已有盈利能力或盈利潜力情况。项目是否具备国际化发展的潜力 4. 社会影响。项目直接或间接带动就业的数量和质量，对社会文明、生态文明、民生福祉等方面的积极推动作用	25
团队协作	1. 团队精神。团队具有明确的使命愿景，具有团结协作的创新精神，具有支撑项目成长的知识、技术和经验 2. 团队结构。团队的组织构架、人员配置、分工协作、能力结构、专业结构、合作机制、激励制度等的合理性情况。鼓励留学生参与，促进中外合作交流 3. 团队效能。团队与项目关系的真实性、紧密性情况；对项目的各项投入情况；创立创业企业的可能性情况 4. 团队资源。支撑项目发展的合作伙伴等外部资源的使用以及与项目关系的情况	15

然而，中国国际大学生创新大赛的意义远不止于此。它更是一个推动教育改革、促进产学研深度融合的重要载体。通过大赛，高校得以更加清晰地了解市场需求和行业动态，从而调整教学内容和方法，使人才培养更加贴近实际、贴近市场。同时，企业也可以通过大赛发现和培养潜在的人才，为自身的发展注入新鲜血液。这种双向互动、互利共赢的模式，不仅有助于提升高等教育的质量和水平，也有助于推动产业的升级和经济的转型。

当然，中国国际大学生创新大赛也面临着一些挑战和问题。如何确保赛事的公平性和公正性，如何避免过度商业化倾向，如何更好地保护知识产权等，都是需要认真思考和解决的问题。但正是这些挑战和问题，为大赛的进一步发展和完善提供了动力与方向。

展望未来，中国国际大学生创新大赛将继续秉承创新精神，不断探索和创新赛事模式和机制。我们有理由相信，在未来的日子里，这一赛事将更加注重培养学生的创新思维和实践能力，更加注重推动产学研的深度融合，更加注重服务经济社会发展的大局。同时，也将有越来越多的青年学子通过这一平台展现自己的才华和梦想，为中华民族伟大复兴贡献自己的力量。

总之，中国国际大学生创新大赛是一个充满机遇和挑战的平台，是一个激发创新、引领未来的舞台。让我们共同期待这一赛事能够继续发挥其独特的作用和价值，为培养更多具有创新精神和创业能力的人才做出更大的贡献。

第二节　创新大赛掀起教育变革新浪潮

当今世界，科技革命与产业变革加速演进，传统的教育模式正面临前所未有的挑战与机遇。创新大赛作为连接理论知识与实践应用的桥梁，不仅激发学生的创造力，更成为推动高等教育深刻变革的重要力量。从中国国际大学生创新大赛到各类学科竞赛，这些赛事正在重塑教育的边界，让创新从课堂延伸至产业前沿，从个体探索升级为生态协同。

一、中国国际大学生创新大赛是培养大学生创新精神和实践能力的重要途径

通过参与比赛，大学生可以将自己的理论知识与实践相结合，将创意转化为实际产品或解决方案。这一过程不仅能够锻炼他们的创新能力和实践能力，还能够培养他们的团队协作精神和解决问题的能力。这些能力对于他们未来的职业发展和社会适应能力都具有重要意义。

（一）创新精神

大赛涵盖了研究生、本科生、职业院校等多个学生群体，涉及技术创新、创意设计、社会服务等多个领域。这种广泛的参与性使更多的大学生在实践中锻炼自己的创新能力。大赛不仅是一场竞技，更是一个交流与学习的平台。来自不同地区、不同背景的学生在这里分享各自的创新项目，交流心得体会。这

样的交流不仅能激发学生的创新灵感，还能拓宽他们的视野，使他们能够更加全面地认识和理解创新的内涵与价值。

（二）实践能力

中国国际大学生创新大赛注重与企业和社会的需求对接，增强了大学生创新实践的针对性和实效性。许多企业通过大赛这一平台发布实际需求和挑战，学生则针对这些需求提出解决方案。这种方式不仅使学生的创新项目更具现实意义，也为企业带来了新鲜血液和创新思维。同时，社会各界对大赛的支持和关注，也为大学生的创新创业提供了有力的保障和资源支持。

二、中国国际大学生创新大赛是推动产学研深度融合的重要载体

通过比赛，高校、企业和研究机构得以紧密合作，共同推动科技创新和产业升级。这种合作模式不仅有助于加速科技成果的转化和应用，还能促进人才培养模式的创新和改革。同时，企业也可以通过比赛发现和培养潜在的人才，为自身的发展注入新鲜血液。

（一）平台打造

中国国际大学生创新大赛为产学研各方提供了一个共同参与的平台。在这个平台上，企业可以发布实际需求和挑战，高校和研究机构则可以组织学生与研究人员针对这些需求进行创新研究及项目开发。这种合作模式不仅有助于解决企业面临的实际问题，还能促进高校和研究机构的科研成果转化为实际应用，实现产学研的良性互动。

（二）深度合作

在大赛中，企业、高校和研究机构可以共同探讨技术难题、分享研发经验、开展联合研究等。这种合作模式不仅有助于加速科技成果的转化和应用，还有助于促进各方资源的共享和优化配置，实现产学研的共赢发展。这有助于企业把握技术发展趋势，及时调整战略方向，提升自身的创新能力和市场竞争力。同时，高校和研究机构也能够借助企业资源，将科研成果推向市场，实现其价值最大化。

三、中国国际大学生创新大赛是提升国家创新能力和竞争力的重要举措

在全球化竞争日益激烈的今天，国家的创新能力和竞争力成为决定其国际地位的关键因素。而在这一背景下，中国国际大学生创新大赛作为培养青年创新人才、推动科技创新的重要平台，正发挥着越来越重要的作用。一个国家的创新能力和竞争力在很大程度上取决于其年轻人的创新精神与实践能力。通过举办这样的比赛，可以激发更多年轻人的创新热情，培养更多的创新人才，从而为国家的科技创新和经济社会发展提供源源不断的动力。

（一）激发了青年学生的创新热情和潜能

通过参与大赛，大学生不仅能锻炼自己的创新思维和实践能力，还能深入了解社会需求和行业发展趋势。这种实践经验对于大学生未来的职业发展具有重要的指导意义，也为国家培养了一批具有创新精神和实践能力的人才。

（二）推动科技创新和产业升级

通过大赛，许多具有创新性和实用性的项目得以孵化与落地，为产业发展提供了新的动力。这些项目不仅提升了产业的技术水平和竞争力，还为国家的经济发展注入了新的活力。其中，产业命题赛道作为大赛的一大亮点，更是吸引了众多企业和高校的目光。这一赛道以“企业出题，高校接题”的模式，为双方搭建了一个互利共赢、共同进步的平台。

1. 互惠共赢

产业命题赛道紧密围绕国家重大战略需求和产业发展方向，由企业提出实际问题和挑战，高校则组织学生和研究人员针对这些问题进行深入研究与创新实践。这种模式不仅有助于解决企业面临的实际问题，还有助于促进高校的科研成果转化为实际应用，实现产学研的良性互动。在比赛中，双方可以共同探讨技术难题、分享研发经验、开展联合研究等。这种合作模式不仅能加速科技成果的转化和应用，还能促进各方资源的共享和优化配置，实现产学研的共赢发展。

2. 培养人才

对于企业而言，参与产业命题赛道意味着能够借助高校的智慧和力量，攻克技术难题，提升创新能力和市场竞争力。同时，企业还能通过比赛发现和培

养优秀的人才，为企业的发展注入新的活力。而对高校而言，参与产业命题赛道则是一个锻炼学生实践能力、培养创新精神的绝佳机会。学生可以在比赛中深入了解社会需求和行业发展趋势，将所学知识应用于实际问题的解决中，从而提升自己的综合素质和就业竞争力。

（三）加强国际交流与合作

来自不同国家和地区的参赛者可以在大赛中分享经验、交流思想，共同探讨科技创新的前沿问题。这种交流与合作有助于提升国家的国际影响力和竞争力，也为全球科技创新事业的发展做出了积极贡献。其中，国际赛道作为大赛的一大亮点，更是成为汇聚全球智慧、共绘创新蓝图的重要舞台。

1. 拓宽国际视野，促进理解和尊重

国际赛道以开放、包容的姿态，欢迎来自世界各地的大学生参与。这些参赛者不仅代表着各自的国家和地区，更代表着不同的文化背景和思维方式。他们在这里交流思想、碰撞火花，共同探索科技创新的无限可能。这种跨文化的交流与合作，不仅有助于拓宽参赛者的国际视野，还能促进不同文化之间的相互理解和尊重。参赛者可以接触到最新的科技成果和研究动态，与国际知名的科学家和企业家进行交流与合作。这些资源和支持不仅有助于提升参赛者的科研水平与创新能力，还能为他们未来的职业发展奠定坚实基础。

2. 围绕全球问题，贡献力量

国际赛道紧密围绕全球性问题和挑战，如气候变化、能源危机、公共卫生等，鼓励参赛者提出创新性的解决方案。这些问题不仅具有全球性影响，还关乎人类未来的生存和发展。通过比赛，参赛者可以深入了解这些问题的复杂性和紧迫性，激发他们的创新思维和实践能力，为解决全球性问题贡献自己的力量。

展望未来，中国国际大学生创新大赛将继续发挥其在培养创新人才、推动产学研融合、提升国家创新能力方面的重要作用。我们期待更多的大学生能够参与这一盛会，展现自己的才华和梦想，为中华民族伟大复兴贡献自己的力量。

总之，中国国际大学生创新大赛是一个具有重要意义的赛事。它不仅是大学生展示自我、锻炼能力的舞台，更是推动科技创新、促进经济社会发展的重要力量。让我们共同期待这一赛事能够继续发挥其独特的作用和价值，为培养更多具有创新精神和实践能力的人才做出更大的贡献。

案例40（中国国际大学生创新大赛国赛金奖项目）：

深言科技：基于大模型的新一代智能信息处理平台

项目概述：北京深言科技有限责任公司由清华大学和北京智源人工智能研究院（BAAI）共同孵化，由欧洲科学院院士领衔出任公司首席科学家，创始团队均为清华博士、硕士（包括全国人工智能比赛冠军、清华特等奖学金获得者、省高考状元、学生会主席等），已发表顶级论文数百篇，并且此前深度参与了中国第一个大模型的研发，是大模型“国家队”——智源“悟道”大模型研发团队的核心成员。公司CEO岂凡超为清华大学计算机系博士、电子信息科学与技术&工商管理双学士，已在人工智能与自然语言处理领域国际顶级刊物发表论文30余篇，申请发明专利近二十项。曾获中国人工智能学会优秀博士论文（全国9篇）、国家奖学金（博士、本科）、北京市优秀毕业生（博士、本科）等奖励或荣誉。此外，还有顶级风投和硅谷创业公司实习经历。近期团队还陆续从互联网大厂引入了多位产品、技术、运营等方面的资深人士。成立一年，获得红杉中国、腾讯、好未来、奇绩创坛、北京智源人工智能研究院等顶级机构的数亿元财务及战略投资。公司旨在打造基于大规模预训练模型的新一代智能信息处理平台，业务涵盖AIGC文本生成、文本摘要、语义检索等。深言通过自研核心产品或提供API端口调用的方式，在行政办公、学习研究、市场营销、内容创作等多个方面为客户提供价值，目前与多个国家部委和行业龙头企业达成技术合作。公司产品包括世界首个中文及跨语言反向词典WantWords、名句语义检索系统WantQuotes等，已为数百万用户提供智能文本信息处理服务。

案例41（中国国际大学生创新大赛国赛金奖项目）：

翎空科技：多模式垂直起降飞行器智能控制系统

项目概述

1. 产品描述

团队产品名称为“多模式飞行器智能控制系统”，主要应用平台为一类新型的多模式飞行器（兼具垂直起降模式、高速巡航模式及二者之间相互转换的过渡模式），能够填补多模式飞行器缺少高安全性、高可靠性飞行控制系统的空白。具体来看，该系统的核心亮点可分为以下四个方面。①针对多模式飞行器自身构型导致的姿态控制不精确问题，采取基于角加速度反馈的鲁棒控制架构，成为国内首个达到极小姿态控制误差的团队。②针对舰载、山地等复杂环境起降时受到多源干扰的问题，采取基于干扰观测器的智能主动控制策略，与海军联合开展的飞行实验证明，其可使飞行器在7级阵风、4级海况下自主稳定飞行，刷新行业指标。③针对多模式飞行器缺少固定翼模式和直升机模式平滑切换策略的空白，采取操纵面动态控制分配方法，成为首个实现该项技术突破的团队。④将上述的解决方案进行完整硬件转化，推出专门针对多模式飞行器的、符合军工级标准的Drawsky飞控硬件，较市面现有飞控大大提升了控制性能，且成本降低了50%。

2. 用户群体

团队产品紧扣我国国防战略需要，瞄准当前我国新型航空装备发展的关键问题，促进能够舰载起降、高速巡航的多模式飞行器落地，应用至远海远域、两栖作战等领域。同时，该产品在民用领域也有着相当广泛的应用场景，可为当前城市物流、交通运输中起降难、安全性低的问题，提供成熟的多模式飞行器解决方案，在未来将深刻改变城市交通格局。

3. 项目愿景

我国“十四五”规划中明确指出，要聚焦航空高端装备制造战略性产业发展，并且随着近年来经济社会的不断发展，我国周边安全局势也面临着更加多元化的挑战。团队研发了多模式飞行器智能控制系统，在多项技术上达到了国内外领先水平，有望促进我国在航空产业发力新赛道，进一步推动航空科技自强，另外，优化提升多模式飞行器的飞行可靠性与安全性，未来也能够显著提升我国岛屿防卫能力，有效保障我国的海上正当权益。

4. 竞争对手

多模式飞行器智能控制系统研发在国内仍属于蓝海领域，已经形成成熟多模式飞控产品的为纵横大鹏，而产品的国外竞争对手主要为美国、加拿大、俄罗斯，其中，最为知名的是Micropilot公司，研发过程中的实验对比表明本团队产品性能已可以比肩该公司主流产品。

第三节　用“创新DNA”重塑高校竞争力内核

随着影响力的不断扩大，中国国际大学生创新大赛已经成为我国高等教育的一张亮丽名片，为推动全球创新事业的发展贡献了中国智慧和中国方案。大赛秉持“创新引领未来”的宗旨，鼓励更多青年学子勇敢追梦，不断超越自我，为人类社会带来更多福祉。大赛对现阶段高校教育也提出了新的挑战，在教育部发布的大赛通知中，明确大赛的主要任务如下。

①以赛促教，探索人才培养新途径。全面提高人才自主培养质量，强化高校课程思政建设，深入推进新工科、新医科、新农科、新文科建设，深化创新创业教育改革，引领各类学校人才培养范式深刻变革，形成新的人才培养质量观和质量标准，切实提高学生的创新精神、创新意识和创新能力。

②以赛促学，培养创新创业生力军。着力造就拔尖创新人才，激励广大青年扎根中国大地了解国情民情，在创新创业中增长智慧才干，怀抱梦想又脚踏实地，敢想敢为又善作善成，做有理想、敢担当、能吃苦、肯奋斗的新时代好青年。

③以赛促创，搭建产教融合新平台。把教育融入经济社会发展，推动成果转化和产学研用融合，促进教育链、人才链与产业链、创新链有机衔接，以创新引领创业、以创业带动就业，推动形成高校毕业生更高质量创业就业的新局面。

在全球化和知识经济时代背景下，高等教育机构面临着前所未有的竞争压力。为了培养能够适应未来社会发展需求的创新型人才，高校必须不断探索新的教育模式和教学方法。创新大赛作为一种有效的教育手段，不仅能激发学生的创新思维和实践能力，还能显著提升高校的教育教学水平和整体竞争力。

一、高校教育模式构建

高校教育虽然规模不断扩大，办学模式趋向多元化，但人才培养目标和人才培养模式至今尚欠完善，人才培养质量很难保证，这既影响高等教育的可持续发展，也会制约经济与社会的发展。以创新大赛为抓手，适应形势变化，确立与社会需求相适应的高校人才培养目标，构建创新的高校人才培养模式是社会发展对高校教育发展的必然要求，也是高校教育发展的生命力所在。

（一）加强顶层设计，构建创新体系

高校应将创新大赛纳入人才培养的整体规划中，建立健全创新教育体系，明确大赛在教育教学中的地位和作用。通过制定相关政策和激励机制，鼓励师生积极参与大赛，营造良好的创新氛围。

1. 明确创新定位与目标

高校在加强顶层设计时，首要任务是明确自身的创新定位和目标。这包括

确定学校在科技创新、人才培养、社会服务等方面的特色和优势，以及未来一个时期内希望达到的创新成果和水平。明确的定位和目标有助于集中资源，形成合力，推动创新体系的有效构建。

2. 优化组织结构与管理机制

创新体系的构建需要高效的组织结构和管理机制作为支撑。高校应根据自身特点，优化内部治理结构，建立灵活、高效的管理体系；同时，要完善决策机制，确保创新活动能够快速响应市场和社会需求的变化；此外，还应加强跨学科、跨部门的协作，打破壁垒，促进资源共享和协同创新。

3. 加大科研投入与支持

科研投入是创新活动的物质基础。高校应加大对科研的资金和设施投入，特别是对基础研究、前沿技术和关键核心技术的支持；同时，要建立多元化的科研经费筹措机制，鼓励企业、社会组织和个人参与科研投资；此外，还应完善科研评价体系，激励科研人员专注于长期研究和原创性探索。

4. 强化人才培养与引进

人才是创新的根本。高校应深化教育教学改革，培养具有创新精神和实践能力的高素质人才。同时，高校还要实施更加开放的人才政策，吸引海内外高层次人才加盟。通过建立良好的人才发展环境，为创新体系提供源源不断的智力支持。

5. 推动产学研深度融合

产学研合作是提升创新能力的有效途径。高校应主动对接国家战略需求和地方经济发展，与企业共建研发平台，共同承担科技项目。通过产学研深度融合，可以加速科技成果的转化应用，提升创新体系的实际效能。

6. 培育创新文化

创新文化的培育对于激发高校的创新活力至关重要。高校应倡导敢于冒险、宽容失败的创新精神，鼓励师生积极参与创新实践；同时，要通过举办科技竞赛、学术论坛等活动，营造浓厚的学术氛围和创新环境。

7. 加强国际合作与交流

在全球化背景下，加强国际合作与交流对于构建开放型创新体系具有重要意义。高校应积极参与国际科技合作项目，引进国外先进技术和管理经验，同时将国内成熟的创新成果推向国际市场，提升学校的国际影响力。

（二）深化产学研合作，拓展资源渠道

高校应积极寻求与企业、研究机构的合作，共同举办或参与创新大赛。通过产学研结合，不仅可以为大赛提供更多的实践平台和资源支持，还可以促进科研成果的转化应用，增强高校的社会服务能力。

1. 明确合作目标与方向

高校在深化产学研合作时，首先需要明确合作的目标和方向。这包括确定合作的重点领域、预期成果以及双方的责任和义务。明确的合作目标有助于集中资源，形成合力，推动合作项目的有效实施。同时，要关注国家发展战略和地方经济发展需求，确保合作项目与经济社会发展紧密对接。

2. 构建多元化合作模式

高校应积极探索和构建多元化的产学研合作模式。除了传统的技术转让、委托研发等形式外，还可以通过共建研发中心、联合培养人才、共同承担国家重大科技项目等方式深化合作。多元化的合作模式有助于充分发挥各方优势，实现资源共享和互利共赢。

3. 加强校企合作平台建设

校企合作平台建设是深化产学研合作的重要基础。高校应主动对接企业需求，建立长期稳定的合作关系。通过设立校企联合实验室、技术转移中心等平台，促进科研成果的转化应用。同时，高校要加强信息交流和人员往来，增进相互了解和信任。

4. 优化资源配置与管理

深化产学研合作需要高效的资源配置与管理机制作为支撑。高校应优化内部治理结构，建立灵活、高效的管理体系；同时，要完善决策机制，确保合作项目能够快速响应市场和社会需求的变化；此外，还应加强跨学科、跨部门的协作，打破壁垒，促进资源共享和协同创新。

5. 推动政策引导与支持

政府的政策引导与支持对于深化产学研合作至关重要。高校应积极争取政府在资金、税收、知识产权等方面的优惠政策，降低合作成本，提高合作效益；同时，要关注国家科技发展规划和产业政策动态，及时调整合作策略，抓住发展机遇。

（三）强化师资队伍建设，提升指导水平

优秀的指导教师是创新大赛成功的关键。高校应加强师资队伍的建设，特

别是实践经验丰富的双师型教师的培养和引进。通过定期组织教师参加相关培训和研讨，提升其指导学生参赛的能力和水平。

1. 明确师资队伍建设目标

高校应根据自身定位和发展需求，明确师资队伍建设的目标。这包括确定教师队伍的规模、结构、素质等方面的具体指标，以及未来一个时期内希望达到的水平。明确的建设目标有助于指导后续工作的开展，确保师资队伍建设与学校的发展战略相协调。

2. 优化教师招聘与引进机制

高校应建立科学、公正、透明的教师招聘与引进机制，吸引更多优秀人才加盟。在招聘过程中，高校要注重考察应聘者的学术背景、教学能力和科研潜力；同时，要积极引进海内外高层次人才，提升教师队伍的整体水平；此外，还要关注青年教师的培养和发展，为他们提供更多的成长机会和平台。

3. 加强教师培训与发展

高校应定期组织教师参加各类培训活动，提升他们的教学能力和科研水平。培训内容可以包括教学方法、课程设计、科研方法等方面；同时，要鼓励教师参与学术交流和合作研究，拓宽他们的视野和思路；此外，还要关注教师的职业规划和发展需求，为他们提供个性化的支持和帮助。

4. 完善教师评价与激励体系

高校应建立完善的教师评价体系，对教师的教学、科研、社会服务等工作进行全面考核。评价结果要与教师的晋升、薪酬、奖励等挂钩，形成有效的激励机制；同时，要注重发挥教师的主体作用，尊重他们的劳动成果和创新精神，营造良好的工作氛围。

5. 推进教师团队建设

高校应鼓励和支持教师组建科研团队或教学团队，开展集体备课、协同研究等活动。团队建设有助于整合资源、发挥优势、提高整体效能；同时，要注重团队成员之间的沟通和协作，培养他们的团队精神和合作意识。

6. 强化师德师风建设

高校应加强师德师风建设，引导教师树立正确的职业道德观念和行为规范。高校要定期开展师德教育活动，宣传优秀教师的先进事迹和崇高精神；同时，要建立健全师德考核制度，对违反师德规范的行为进行严肃处理。

7. 提升教师信息化教学能力

随着信息技术的快速发展，高校应重视提升教师的信息化教学能力。要组织教师参加信息技术培训，掌握现代教学手段和方法；同时，要鼓励教师利用网络资源开展在线教学和混合式教学，提高教学效果和学生的学习兴趣。

（四）营造良好环境，激发学生潜能

高校应为学生提供良好的学习和生活环境，包括先进的实验设施、丰富的图书资料、开放的学习空间等。通过营造自由探索、勇于创新的文化氛围，激发学生的创造潜能和求知欲。

1. 优化校园硬件设施

高校应不断改善和优化校园硬件设施，为学生提供舒适、安全、便捷的学习和生活环境。这包括图书馆、实验室、体育场馆、宿舍等场所的建设和改造。完善的硬件设施不仅能够满足学生的学习和生活需求，还能够激发他们的学习兴趣和创造力。

2. 丰富校园文化活动

高校应积极开展丰富多彩的校园文化活动，如学术讲座、文艺演出、体育比赛等。这些活动不仅能够丰富学生的课余生活，还能够拓宽他们的视野，培养他们的兴趣爱好和综合素质。同时，通过参与这些活动，学生还能够锻炼自己的组织协调能力和团队合作精神。

3. 加强师生互动与交流

高校应加强师生之间的互动与交流，建立和谐的师生关系。教师应关注学生的学习和生活情况，及时给予指导和帮助；学生也应尊重教师的劳动成果，积极参与课堂讨论和学术交流。通过加强师生互动与交流，可以营造一个积极向上的学习氛围，激发学生的学习热情和潜能。

4. 推进个性化教育

高校应注重推进个性化教育，尊重每个学生的个性差异和发展需求。在教学过程中，教师应根据学生的特点和兴趣制订个性化的教学计划与方法；在评价过程中，高校应采用多元化的评价方式，全面客观地评价学生的综合素质和能力。通过推进个性化教育，可以更好地激发学生的潜能，促进他们的全面发展。

5. 强化心理健康教育

高校应重视学生的心理健康教育，建立健全心理咨询和辅导机制。要定期开展心理健康教育活动，提高学生的心理素质和应对压力的能力；对于有心理问题的学生，要及时给予关心和帮助，引导他们走出困境。通过强化心理健康

教育，可以为学生营造一个健康、积极的心理环境，有助于激发他们的潜能。

6. 拓展国际交流与合作

高校应积极拓展国际交流与合作渠道，为学生提供更多的国际化学习和交流机会。通过参加国际学术会议、交换生项目等活动，学生可以了解不同国家的文化和学术前沿动态，拓宽自己的国际视野和思维方式。同时，这些经历也有助于培养学生的跨文化交流能力和创新能力。

总之，创新大赛是高校提升教育教学质量和竞争力的有效途径之一。通过上述措施的实施，高校不仅能培养出更多具有创新精神和实践能力的高素质人才，还能在激烈的国内外竞争中占据有利地位，实现可持续发展。

二、大学生创新路径选择

在当今社会，创新已成为推动经济发展和社会进步的核心动力。作为新时代的大学生，积极参与创新大赛不仅是展示自己才华和能力的舞台，更是锻炼创新思维和实践能力的重要途径。在众多创新大赛中，大学生如何选择合适的创新路径，不仅关系到比赛成绩，更关系到个人创新能力的提升和未来发展的方向。

（一）明确参赛目标

参加中国国际大学生创新大赛不仅是为了获得荣誉和奖项，更重要的是通过比赛提升自己的创新能力和实践能力。因此，在选择项目时，我们要结合自己所学专业和个人兴趣，选择一个具有创新性和实际应用价值的课题，确保自己在比赛中能够充分发挥自己的优势。在创新大赛中，时间、人力和财力等资源都是有限的。明确的参赛目标可以帮助团队合理分配资源，把有限的资源集中到最关键的地方。若目标不明确，很可能导致资源分散，甚至浪费，难以取得应有的效果。如同一场战役，明确的目标能够帮助指挥官合理部署兵力，获得最终的胜利。在目标明确的情况下，团队成员会更加清楚自己的职责，知道每一步该怎么做。通过制订详细的计划和阶段性目标，团队可以稳步推进项目进展。这不仅提高了工作效率，也增强了团队克服困难的信心和决心。

（二）注重团队合作

一个优秀的团队是成功的关键。在组建团队时，我们要选择志同道合、互补性强的队友，共同为项目的成功努力。同时，我们还要注重团队成员之间的沟通与协作，营造良好的团队氛围，确保项目的顺利进行。团队合作是成功的关键因素之一，它能够将个体的智慧和力量凝聚成强大的集体力量，从而在激烈的竞赛中脱颖而出。

1. 团队合作能够汇聚多元智慧，激发创意火花

每个团队成员都拥有不同的知识背景、技能和经验，这些多样化的元素在团队中相互碰撞、融合，往往能产生出意想不到的创新点子。正如一块块拼图，单独看可能只是普通的碎片，但当它们被正确地拼接在一起时，就能呈现一幅完整的美丽图画。

2. 团队合作有助于分担压力，提高工作效率

创新大赛往往伴随着时间紧迫和任务繁重的挑战，单打独斗很难应对所有问题。而一个高效的团队则可以通过合理分工，将复杂的任务拆解成小块，由不同的成员负责，这样不仅能减轻个人的负担，还能确保项目的各个环节都能得到充分的关注和发展。

3. 团队合作有利于培养沟通能力和协调能力

在团队中，每个成员都需要表达自己的想法，并且倾听他人的意见。这种双向的交流不仅能够促进信息的流通，还能够帮助团队成员学会如何在不同意见之间找到平衡点，达成共识。这种沟通和协调的能力在未来的职业生涯中同样至关重要。

4. 团队合作能够增强解决问题的能力

在创新过程中，难免会遇到各种预料之外的问题和挑战。一个团结协作的团队能够集思广益，从不同角度分析问题，共同寻找解决方案。这种集体智慧的力量往往能够突破个人思维的局限，找到更加有效和创新的解决途径。

5. 团队合作是个人成长的基石

在团队中，每个人都有机会扮演领导者或追随者的角色，这不仅能让他们在实践中学习如何领导和管理，也能让他们体会到团队合作的重要性和魅力。通过团队合作，大学生可以更好地认识自我，提升自己的社交能力和团队精神。

（三）充分利用资源

在比赛中，我们可以利用学校提供的各种资源，如图书馆、实验室等，获取所需资料和设备。此外，我们还可以向导师和学长学姐请教经验，了解比赛

的流程和技巧。同时，我们也要关注行业动态和技术发展，及时调整项目方案，确保项目的创新性和实用性。在参赛过程中，充分利用各种资源显得尤为重要。这些资源包括但不限于知识资源、技术资源、人力资源以及资金资源等。只有有效地整合和利用这些资源，大学生才能在激烈的竞争中脱颖而出，实现自己的创新梦想。

1. 知识资源的利用是基础

大学校园是一个知识的宝库，图书馆、实验室、在线课程等都是获取知识的渠道。大学生应该主动学习相关的理论知识和技术技能，为创新项目打下坚实的基础。此外，还可以通过参加学术讲座、研讨会等方式，拓宽视野，了解最新的科研动态和技术发展趋势。

2. 技术资源的利用是关键

随着科技的发展，新技术层出不穷。大学生应该关注新兴技术的发展，尝试将其应用到自己的项目中去。例如，人工智能、大数据、云计算等技术已经在各个领域得到广泛应用，掌握这些技术将极大地提高项目的竞争力。同时，学校和企业的合作也是一个不可忽视的技术资源。通过实习、项目合作等方式，大学生可以接触到实际工作中的技术问题，从而更好地将理论与实践相结合。

3. 人力资源的利用是保障

一个优秀的团队是成功的一半。大学生应该学会组建和管理团队，发挥每个成员的特长，形成合力。团队成员之间要有良好的沟通和协作，共同解决问题。此外，导师的指导也是重要的人力资源。导师不仅可以提供专业的建议，还可以帮助团队规避风险，指明方向。

4. 资金资源的利用是支撑

创新项目往往需要一定的资金支持。大学生可以通过学校的创新创业基金、政府的扶持政策、企业的赞助等多种途径筹集资金。合理规划和使用资金，确保项目的顺利进行；同时，也要学会成本控制，避免不必要的浪费。

除了上述资源外，大学生还应该注重社会资源的利用。这包括行业专家的意见、市场调研的数据、潜在用户的需求等。通过与社会接轨，可以使项目更加贴近实际，提高其市场价值和社会影响力。

（四）勇于挑战自我

在比赛中，我们可能会遇到各种困难和挑战，但这正是锻炼我们意志品质和抗压能力的好机会。我们要保持积极的心态，勇敢面对困难，相信自己有能力克服一切障碍。同时，我们还要善于总结经验教训，不断改进和优化项目方案，提高项目的竞争力。

1. 敢于面对未知和困难

在创新的道路上，充满了不确定性和风险。大学生应该具备冒险精神，敢于尝试新事物，不畏失败。正如爱迪生所说："我没有失败，我只是发现了10000种行不通的方式。"每一次尝试，即使没有达到预期的结果，也是一种宝贵的经验积累。通过不断地尝试和实践，大学生可以逐渐找到适合自己的创新路径。

2. 不断学习和提升

知识更新换代的速度越来越快，大学生不能满足于已有的知识储备，而应该持续学习，不断充实自己。这包括专业知识的学习，也包括跨学科的知识融合。只有具备了广博的知识和深厚的专业素养，才能在创新大赛中游刃有余，提出独到的见解和解决方案。

3. 乐观的心态

在创新过程中，难免会遇到挫折和失败。大学生应该保持积极乐观的态度，将挫折视为成长的垫脚石，而不是放弃的理由。这种坚韧不拔的精神和永不言败的决心，是每个成功者必备的品质。

4. 具备良好的时间管理能力和自我驱动力

创新大赛往往有严格的时间限制，如何在有限的时间内高效地完成任务，是对参赛者的考验。大学生应该学会合理规划时间，优先处理重要且紧急的任务，同时也要注重休息和调整，保持良好的身心状态。

（五）注重成果展示和交流

在比赛过程中，我们要学会如何将自己的项目成果以清晰、简洁的方式展现出来，让评委和观众更好地了解我们的项目。同时，我们还要积极参与交流活动，与其他参赛者分享经验和心得，拓宽自己的视野和思路。注重成果的展示和交流尤为重要，这不仅能提升项目的知名度，还能促进思想的碰撞和经验的分享，从而为参赛者带来更广阔的视野和更深刻的理解。

1. 成果展示是创新大赛中不可或缺的一环

一个优秀的项目，如果缺乏有效的展示，其价值往往会大打折扣。因此，大学生应该学会如何将自己的创新成果以最直观、最吸引人的方式展现出来。

这包括制作精美的展板、PPT演示文稿，以及准备充分的口头报告。通过这些方式，可以让评委和观众迅速了解项目的核心内容、创新点以及实际应用价值。此外，随着科技的发展，多媒体和虚拟现实等技术也为成果展示提供了新的可能性，使得展示形式更加多样和生动。

2. 交流是创新过程中的重要组成部分

在创新大赛中，来自不同背景的参赛者聚集一堂，他们有着不同的知识结构、思维方式和解决问题的方法。通过交流，可以相互启发，激发新的创意。大学生应该抓住这个机会，主动与其他参赛者交流想法，分享经验；同时，也要敢于向评委和专家提问，虚心求教。这种开放的态度不仅有助于个人成长，也能为团队带来更多的合作机会。

3. 重视意见反馈

在展示过程中，评委和观众的反馈是宝贵的资源。他们可能会提出一些尖锐的问题，或者给出一些建设性的建议。大学生应该以开放的心态接受这些反馈，认真分析其中的合理成分，及时调整和完善自己的项目。这种基于反馈的迭代过程，是提高项目质量、增强竞争力的关键。

4. 学会自我推广

在创新大赛中表现出色，不仅可以增加个人的曝光度，还能为未来的学术生涯或职业生涯打下良好的基础。因此，大学生应该学会如何有效地推广自己和自己的作品，如通过撰写新闻稿、利用社交媒体等渠道进行宣传。

总之，在中国国际大学生创新大赛中，作为大学生，我们要明确目标、注重团队合作、充分利用资源、勇于挑战自我并注重成果展示和交流。只有这样，我们才能在这个舞台上充分展现自己的实力，实现自己的价值。让我们携手共进，在创新的道路上不断前行！

思考题：

1. 如果参加创新大赛，你准备选择哪个类别的项目？
2. 成功的创新项目需具备哪些核心要素？

参考书目

[1] 张翠英. 大学生创业职业素养[M]. 北京：首都经济贸易出版社，2017.

[2] 李宇，陈文婷. 创新创业基础[M]. 大连：东北财经大学出版社，2018.

[3] 陈新达，桂舟，崔晓会. 大学生创新创业[M]. 北京：清华大学出版社，2018.

[4] 李昆益. 创业之旅：机会、模式与行动[M]. 北京：中国人民大学出版社，2019.

[5] 张玉利，薛红志. 创业管理[M]. 5版. 北京：机械工业出版社，2020.

[6] 于晓宇，王斌. 创新管理：数字时代的商机[M]. 北京：中国人民大学出版社，2022.

[7] 刘晓红，王志臣. 大学生创新创业基础[M]. 北京：首都师范大学出版社，2022.

[8] 贺尊. 创新学[M]. 北京：中国人民大学出版社，2023.

[9] 周建波，朱燕. 创业基础[M]. 北京：高等教育出版社，2024.

[10] 史达. 网上创业实务[M]. 5版. 大连：东北财经大学出版社，2024.

[11] 李东进，秦勇. 创业管理理论、方法与实践（微课版）[M]. 2版. 大连：人民邮电出版社，2024.

[12] 杨秋玲，杨娟. 大学生创新创业[M]. 北京：清华大学出版社，2025.

[13] 杨诚. 大学生创业基础[M]. 北京：高等教育出版社，2025.

[14] 王贵秋. 创业基础[M]. 大连：东北财经大学出版社，2025.

[15] 蒲国林，王自红. 大学生创业基础[M]. 北京：人民邮电出版社，2025.

[16] 顾颖，王莉芳. 创新思维与创业实战[M]. 北京：机械工业出版社，2025.

编后记

高等教育的目标不仅是传授专业知识，更是培养适应社会发展的综合型人才。在当今快速变革的时代，大学生面临着前所未有的机遇与挑战：科技革命催生新业态，产业升级重塑就业市场，职业路径日益多元化。在此背景下，创新创业能力、职业规划意识和就业竞争力已成为学生走向社会的核心素养。为此，我们编写了本系列教材，旨在构建贯穿大学四年的生涯发展教育体系，助力学生从校园到职场的顺利过渡。

当前，全球正经历数字化、智能化的深刻变革。一方面，新技术、新模式不断涌现，为创新创业提供了广阔空间；另一方面，就业市场结构性矛盾突出，“慢就业”“缓就业”现象增多，职业选择的复杂性显著提升。这一趋势对高等教育提出了新要求：学生不仅需要具备扎实的专业基础，更需要具备前瞻性的职业视野、灵活的应变能力和主动的进取精神。本系列教材的编写，正是顺应了这一时代需求。

《创新引领未来　创业成就梦想》《投身创新演练　淬炼创业本领》教材聚焦创新思维与创业实践，通过案例解析与技能训练，帮助学生突破传统认知边界，培养机会识别、资源整合和风险应对能力；《规划职业理想　成就精彩人生》教材引导学生从大二开始科学规划学业与职业，通过行业分析和目标管理工具，建立个性化的成长路径；《掌握求职技巧　开启职业之门》针对大四学生的实际需求，涵盖简历制作、面试技巧、职业适应等内容，缩短学生与职场之间的认知差距。教材层层递进，形成“启蒙—规划—实践”的闭环，既符合学生成长规律，也契合社会对复合型人才的期待。教材的编写始终围绕“能力培养”这一核心。我们摒弃了空洞的理论说教，代之以任务驱动、情境模拟和实战演练，强调“做中学、学中悟”。我们深信，教育的本质是点燃学生内在的动力，鼓励学生主动探索、批判思考，而非被动接受知识。

世界永远属于那些敢于创新、善于规划、勇于行动的人。愿这套教材能陪伴大家在充满不确定性的时代，走出属于自己的确定性道路。

编　者

2025年5月